每个孩子都是一颗花的种子,
　　只是花期不同。

压力大的孩子毛病多

让孩子情绪好，身体好，习惯好

罗大伦 著

科学技术文献出版社
SCIENTIFIC AND TECHNICAL DOCUMENTATION PRESS

·北京·

图书在版编目（CIP）数据

压力大的孩子毛病多：让孩子情绪好，身体好，习惯好 / 罗大伦著. — 北京：科学技术文献出版社，2021.4（2025.3 重印）

ISBN 978-7-5189-7764-2

Ⅰ.①压… Ⅱ.①罗… Ⅲ.①情绪—自我控制—儿童教育—家庭教育 Ⅳ.① B842.6 ② G782

中国版本图书馆 CIP 数据核字（2021）第 056886 号

压力大的孩子毛病多：让孩子情绪好，身体好，习惯好

策划编辑：王黛君	责任编辑：王黛君 宋嘉婧	责任校对：张永霞
责任出版：张志平		

出 版 者	科学技术文献出版社
地　　址	北京市复兴路 15 号　邮编 100038
编 务 部	（010）58882938，58882087（传真）
发 行 部	（010）58882868，58882870（传真）
邮 购 部	（010）58882873
官方网址	www.stdp.com.cn
发 行 者	科学技术文献出版社发行　全国各地新华书店经销
印 刷 者	艺堂印刷（天津）有限公司
版　　次	2021 年 4 月第 1 版　2025 年 3 月第 4 次印刷
开　　本	710×1000　1/16
字　　数	147 千
印　　张	15
书　　号	ISBN 978-7-5189-7764-2
定　　价	89.00 元

版权所有　违法必究

购买本社图书，凡字迹不清、缺页、倒页、脱页者，本社发行部负责调换

序 言

孩子的不良情绪，是很多疾病的源头

每个孩子，都是我们的宝贝，孩子的身体问题，最牵动家长的心。那么，孩子身体的疾病，到底从何而来呢？

之前我们认为，孩子身体的病，只要抓住外感疾病和调理好脾胃，基本就没有什么大问题了。可是，随着研究的深入，我越来越认为，孩子的不良情绪，是很多疾病的源头。

在成人身体的调理过程中，我们就有了这样的认识：多数身体的疾病，可能与不良情绪有关——这是我多年形成的根深蒂固的思想。但是，随着对儿童疾病的研究，我越来越震惊地发现，儿童也深受这个问题的影响！

现代社会，生活节奏越来越快，家长都不同程度地有着焦虑等问题。而这些问题，会在不知不觉之间传递给孩子，让孩子变得肝气郁结，身体出现问题。可是，我们却对此并未有太多察觉，这是非常悲哀的事情。

这些年，我看到了太多此类问题，所以一直在呼吁，希望引起大家的注意。

因此，我把我的经验系统地总结了一下，希望能够帮助各位家长找出问题，让大家知道孩子身心的内在联系，从而让孩子更加健康！

所以，这本书是写给家长的。为了孩子的健康，家长们需要学习、调整的地方非常多，大家的担子很重！但是，为了孩子的健康，大家一定要努力！

目 录

  警惕孩子压力大引起的心身疾病

- 孩子压力大，
  就会经常咳嗽、发湿疹、脾胃不好、发育迟缓…… 002
- 孩子压力大引起的身体问题，又叫心身疾病 004
- 孩子压力大导致的问题，为什么常常被家长忽视？ 005
- 相对于古代，现在的孩子更容易肝气不舒 007
- 孩子为什么会肝气不舒？ 010
- 到底是让孩子健康重要，还是学业有成更重要？ 012
- 孩子压力大不大，一看舌头就知道 016

2 家长焦虑，就会让孩子肝气不舒

- 夸张型家长：孩子一旦得病，觉得天都要塌了　018
- 过度谨慎型家长：全家人轮番24小时照顾孩子　020
- 紧张型家长：总觉得孩子的病很严重　021

3 孩子发育比同龄人差，很大原因是肝气不舒

- 孩子的鼻子和嘴附近发青，是压力大、肝气不舒的表现　028
- 孩子的鼻子和嘴附近发青，可以吃枣泥山药糕补脾　031
- 如果夫妻总是闹别扭，孩子可能发育差，甚至得躁郁症　034

  别以为孩子小就不会贫血

- 孩子一旦贫血，各方面发育肯定不好　040
- 家长怎么知道孩子是不是贫血呢？　042
- 大人贫血很常见，孩子咋也会贫血呢？　045
- 孩子贫血后，可以吃桂圆烧蛋补回来　053
- 孩子贫血后，还可以给他喝核桃花生露　055

  压力大、肝气不舒的孩子，更容易患流感

- 孩子最容易在家长的过度关心下肝气不舒　060
- 压力大、肝气不舒的孩子，更容易被病毒击中　064
- 得了流感的孩子，
  帮他按摩拇指的脾经，食指的肝经、大肠经……　066
- 家长不改正自己的焦虑，孩子的病还会再犯　071

孩子鼻炎经常犯怎么办？

- 孩子的过敏性鼻炎与积食和不良情绪有很大关系　076
- 孩子患过敏性鼻炎，吃南瓜饼，服用桔梗元参汤　078
- 孩子感冒后流鼻涕、鼻子堵、打喷嚏，马上喝紫苏叶陈皮水　083
- 孩子得了鼻窦炎，可以用漱口或滴鼻法外治　086
- 孩子得了鼻窦炎流黄鼻涕，可以喝五味石膏汤　089

孩子长湿疹怎么办？

- 您的孩子为什么会得湿疹？　094

- 调理湿疹方法一：给孩子服用调和脾胃的开路方　098
- 调理湿疹方法二：给孩子用疏肝理气的方子泡脚　100
- 调理湿疹方法三：给孩子喝三豆乌梅白糖汤，患处外涂黑豆馏油　102
- 孩子得湿疹的反思：两岁的孩子也会受到家长焦虑情绪的影响　104

  孩子受惊吓后，家长要马上帮他调理

- 孩子受惊吓，特别是受家庭暴力的惊吓，带来的后果非常严重　108
- 尽量避免带孩子去可能出现惊恐场景的地方　113
- 孩子受惊吓后，可以吃补正气的食物和龙牡壮骨颗粒　114
- 孩子受惊吓后，要揉小天心穴　116

  **孩子患哮喘，有的竟是家庭气场不好引起的**

- 夫妻关系、婆媳关系、长辈之间的矛盾，
  都会影响孩子的健康　120

- 西医是这样看待哮喘的　123

- 中医是这样看待哮喘的　125

- 孩子肺里有哮鸣音，不一定就是得了哮喘　126

- 孩子不爱吃药，可以吃杏仁猪肺粥来调理哮喘　128

- 哮喘并不可怕，
  可怕的是误诊、过度治疗，以及家庭的氛围很差　130

10 孩子总打嗝儿，原来是家长造成的

- "千万不要让孩子输在起跑线上"的心态，会导致孩子肝气不舒　134
- 孩子肝气不舒，多吃粳米粥、山药炒鸡蛋、益脾饼等补脾的食物　136
- 孩子的"五行"缺什么？缺的是玩　142

11 孩子得了腺样体肥大，可以用中药漱口或者滴鼻子调理

- 孩子得了腺样体肥大一定要手术吗？　146
- 家长如何用中药漱口或者滴鼻子帮孩子调理腺样体肥大？　149
- 孩子得了腺样体肥大，用萝卜或萝卜叶煮水或煲汤喝　152

12 为什么抽动-秽语综合征的孩子越来越多

- 孩子有抽动症，压力大是主要原因　156

- 孩子经常眨眼，不一定是得了抽动-秽语综合征　159

- 孩子得抽动-秽语综合征的原因一：
  吃重口味的食物多了，肝脾功能会失调　161

- 孩子得抽动-秽语综合征的原因二：情绪不好　163

- 孩子得抽动-秽语综合征的原因三：孩子的左右脑发育不平衡　165

- 家长如何调理好孩子的抽动-秽语综合征一：
  吃饭少，肚子却很大、很鼓的孩子，可以吃异功散调理　169

- 家长如何调理好孩子的抽动-秽语综合征二：
  嘴里有口气的孩子，可以吃泻黄散来调理　172

- 家长如何调理好孩子的抽动-秽语综合征三：
  行为表现异常，或心情暴躁的孩子，可以吃四逆散来调理　175

13 孩子大便干燥、脾气大要怎么调理？

- 孩子大便干燥、脾气大的舌象有两个特点　180
- 孩子大便干燥、脾气大，
  可以用补脾镇肝汤来调理　181

14 您的孩子为什么会失眠？

- 被动式学习一定会让孩子压力过大导致肝气不舒　184
- 自主式学习对孩子的健康更有益　187
- 孩子情志不畅导致的失眠，可以服用龙胆泻肝丸（片）　192
- 孩子脾胃不好导致的失眠，
  用焦三仙和炒鸡内金熬水喝，辅以黄连温胆汤泡脚　193
- 孩子得病或受惊后导致的失眠，可以服用六味地黄丸　196
- 学习压力大导致的失眠，吃补中益气丸，
  食疗用甘麦枣藕汤、百合莲子粥　197

9

 **15** 让孩子的嘴越来越"壮"

- 每种属性的食物都要让孩子吃一吃　204
- 引起过敏的食物，孩子要忌口　205
- 有食品添加剂的食物，孩子要忌口　208
- 抗生素太多的肉类，孩子一定要少吃　209
- 喝中药的时候，要让孩子忌口　210
- 孩子忌口后还是积食，给他喝养脾滋阴汤　211
- 孩子夏天喜欢吃冷饮，到底要不要给他吃？　216

警惕孩子压力大引起的心身疾病

很多孩子的病，表面上看只是身体的一个小问题，其实，这些身体问题跟孩子压力大引起的肝气不舒有很大关系。一旦孩子压力大，就会出现经常咳嗽、湿疹、发育迟缓等问题。

# 孩子压力大，就会经常咳嗽、发湿疹、脾胃不好、发育迟缓……

有很多家长带着孩子找我咨询，在此过程中我发现相当多孩子的身体问题，是压力过大导致的。

现在肝气不舒的孩子太多了，孩子压力过大，又少有疏解压力的方法，于是就会出现肝气不舒的情况。 肝本来是主疏泄，是舒畅、疏通体内气血的，如果孩子的肝气郁结，气血就不能疏通，从而引发各种疾病，甚至有些疾病大家完全想不到是由压力大引起的。

比如，很多孩子会莫名其妙地咳喘，时间持续很长，为什么？一般认为，咳喘是由外邪和脾胃虚导致的，但是我告诉大家，如果孩子压力大，情绪不好，肝气不舒，肝火犯肺，也会引起严重的咳喘。对成人来讲，这基本就是一个重要的诱因了，很多成人的咳嗽都是肝火犯肺——情绪不好引起的，孩子也是如此。

再比如说，有的孩子会挤眼睛，有的孩子会吸肚子、清嗓子、浑身各种乱抽动，这些情况往往也与肝气不舒相关，与压力特别大的诱因有关。

也有很多小朋友上学以后，一考试就闹肚子，为什么？跟压力大导致的脾胃失和有关。我发现，很多孩子脾胃功能差就是因为情绪不好，虽然积食也是导致孩子脾胃受伤的主要原因，但孩子的脾胃问题，未必单单是积食造成的，还有另外的原因，压力大，情绪不好，会导致孩子脾胃受伤。

好多孩子长个特别慢，身体特别瘦弱，原因是什么呢？就是肝气不舒。比如，在矛盾冲突特别严重的家庭中长大的孩子，健康一定会出现问题——孩子会特别瘦弱，脸色苍白，眼睛来回地看，特别敏感，或很安静……这样的孩子，发育会不良的。

还有一些孩子的皮肤疾病，也与不良情绪相关。但很多家长都意识不到这一点。

孩子压力大，情绪不好为什么会得皮肤病呢？

情绪不好就容易肝火旺盛，肝火会犯肺，这样肺气就会受伤，这叫木火刑金。而肺主皮毛，肺气受损后，皮肤和毛发就会出问题。

有些孩子关节部位的问题，往往也与情绪不好引起的肝气不舒有关。因为肝主筋，而关节是骨骼连接的地方，此处有很多韧带，中医将其称为"筋"，所以情绪郁结导致的问题特别容易反映在关节部位。很多肝气不舒的孩子所生的湿疹，就往往出现在肘关节、膝关节、踝关节等部位。

之前，我没有意识到有这么多孩子压力大，但现在我发现，越来越多孩子的身体问题，都跟肝气不舒有关系。

# 孩子压力大引起的身体问题，又叫心身疾病

为什么我要在本书中反复讲肝气不舒导致的身体问题呢？

长期以来，人们普遍认为，只要孩子不外感、脾胃好，身体就不会有什么大问题，因此对孩子的情绪问题，以及由此导致的疾病不够重视。

清代医家陈修园在《医学三字经》里讲小儿病的时候，提到过"二太擒"，"二太"是什么意思呢？

"二太"指的是人体的两条经络，一条是足太阴脾经，一条是足太阳膀胱经。

也就是说，**您只要把孩子的脾胃调理好，尽量不让孩子患外感病，孩子就会很健康，即使有一些小问题，治起来也很快。**

我在刚开始宣传中医育儿知识的时候也是这么认为的，通常我会把孩子的情绪问题放到后面讲，讲的内容也不会很多。

但现在我发现，**孩子身体出现的问题，不只是外感和脾胃不调，情绪对孩子身体的影响越来越大了。**

 ## 孩子压力大导致的问题，为什么常常被家长忽视？

如果一个大人压力很大，我们很容易就能看出来他肝气不舒，基本一看一个准，因为大人确实压力大，而且表现得比较明显。而孩子压力大引起的肝气不舒的问题，为什么一直被家长和众多医者长期忽略呢？

我觉得，孩子因为生性好动，平时很活泼，所以很多时候就把肝气不舒的情况掩盖了。而家长认为，我的孩子挺好，天天玩得挺高兴，没觉得肝气不舒呀。但其实孩子可能已经肝气不舒了，只是孩子好动，所以您看着他好像没事。

现在绝大多数医学研究者还不太关注这个问题，您想，很多成年人的心理问题还没解决完，自然关注孩子心身疾病的人就更少了。但我认为，这将是未来医学研究的一大课题。

很多孩子的病，表面上看只是身体的一个小问题。了解的信息越多，您越会发现，这些身体问题跟孩子的不良情绪、家里的氛围不好都有很大关系。

其实，不良情绪引起的身体问题，只是情绪负面作用的冰山一角，露在外边的只是很小一部分，巨大的隐患仍潜藏在水下。如果您不去解决它，这个问题会越来越大，随着孩子的成长，负面情绪的根基会扎得越来越牢。等孩子长大以后，这个问题就很难解决了，孩子的身体会反复出现各种问题。

我在跟很多人聊这个问题的时候，大多数人对我的观点都表示认同。有人告诉我，从小他父亲一生气，他就会出现某些症状（如不停眨眼睛），从此这个症状就总是会出现。

现在很多电视剧都在讲原生家庭的问题，大家正在慢慢认识到这个问题的重要性。确实，**很多成年人、孩子的心理问题、身体病变，都缘于原生家庭的氛围和家长给的压力。**

希望家长们能尽早意识到不良情绪带给孩子的危害。

如果您意识不到，持续这样下去，对孩子的身体和心灵都会有非常不好的影响。而这种影响会持续一生。

因此，有时从另外一个角度看，出现疾病反而是好事，它是一种警报，提示我们该调整了、该复位了。

相对于古代，现在的孩子更容易肝气不舒

现代孩子的生活环境和古代孩子的生活环境是完全不一样的，所患的疾病自然也有所不同。这就像同样的种子放到不同土壤，结出来的果实大小、品质也是不同的。

● 生长环境不同

现代的孩子多住在高楼里，外面到处都是水泥地、柏油马路，接触田园的机会很少。而古代的孩子大多生活在乡村，会接触到青蛙、蜻蜓、稻田……

在不同环境下长大的孩子，心理状态是不一样的。

● 饮食习惯不同

古代的孩子吃的食物比较天然，大多是田里种的，没有那么多肉吃。现代的孩子就不同了，想吃什么都有……

有些肉里有可能残留着饲养动物时的激素、抗生素，孩子吃进去后会对身体造成不良影响，使肠道菌群失调，进而影响孩子的情绪。

现代研究发现，情绪与肠道菌群的结构密切相关。

● 现在的孩子被寄予厚望，以前考科举的孩子只是少数

在古代，父母识文断字的很少，他们思想单纯，想问题也比较简单；而现代的父母则完全不同，他们大多受过教育，拥有更全面的知识结构，知道得多，对孩子寄予的期望也多。

平时，这些父母翻看朋友圈：谁家孩子又考第一名了，谁家孩子考上清华了，谁家孩子考上麻省理工学院了……看到这些，就自然希望自己的孩子也能这样。

父母知道得多了，就希望他们的孩子知道得更多，尤其是那些育儿理念有些单一的父母，他们没有那么豁达，且自己处于急功近利的社会漩涡之中，渐渐地也会把孩子带入这个漩涡。

您说这样的父母给孩子带来的影响大不大？古代人也考科举，但毕竟考科举的人只占少数，大多数人还是能解决温饱问题的，每天有地种、有饭吃就可以了。所以古人未必有这么大的压力，尤其是古代的家长。

● 现在孩子学习的内容复杂，以前孩子学习的内容简单

古代的孩子跟现代的孩子学习的内容也不同。古人学的内容比较简单，四书五经一般都是考科举的人才会读的，普通孩子能写个《三字经》，就算是很有学问了。所以，古代孩子的学习压力没有现代孩子那么大。

而且古人的学习方式也很简单，私塾先生会让孩子们把当天学的背下来，我们看电视都看过这种画面，他们都是怎么背的呢？摇头晃脑地背："人之初，性本善。性相近，习相远……"一边摇着头，一边背，非常有节律。

这样的学习比较有趣味性，并不像我们想的那么枯燥。其实真正私塾里面的诵读，听起来跟黑人说唱很像，都是有节律的，很容易背。但现代孩子学习的内容就复杂多了，好多孩子才刚上一年级，晚上回去写作业就到很晚。

而且现代的孩子还会上网，很多孩子才两三岁就开始玩手机了，游戏比大人玩得都好。所以现代孩子所处的学习环境，跟古代也完全不同。

您看，现代的孩子遇到的很多问题，都是古代孩子不会遇到的，他们得的病自然也不同。因此，古人在一些方子里的治疗思路，我们是可以学习的，但绝对不能拘泥于古人的经验。

古代的孩子生活简单，而现代的孩子承受的心理压力远远超过他们。所以，现代孩子肝气不舒的情况肯定多于古代孩子。

 ## 孩子为什么会肝气不舒？

● 父母就是肝气不舒的体质

有些孩子是因为遗传了家长肝气不舒的体质；也有的孩子是因为家长的压力大，他从家长的表情、行为、语气上接收到了负面情绪。

甚至有的家长回到家，一句话没说，孩子已经感觉到压力了。

在生活中，很多我们看不见的气场，都会影响孩子。

事实上，**本身就焦虑、压力大的家长，基本上他们的孩子压力也大。** 而且这些孩子往往在很小，甚至刚刚懂事的时候，已经显示出了肝气不舒的舌象——舌头是尖尖的，舌边是红色的。

这样的孩子有很多。有的家长甚至会问我，孩子怎么生下来舌头就尖？

其实不是的，这是您把自己肝气不舒的体质遗传给孩子了，或是在孩子还小的时候，您的不良情绪就影响到他了。

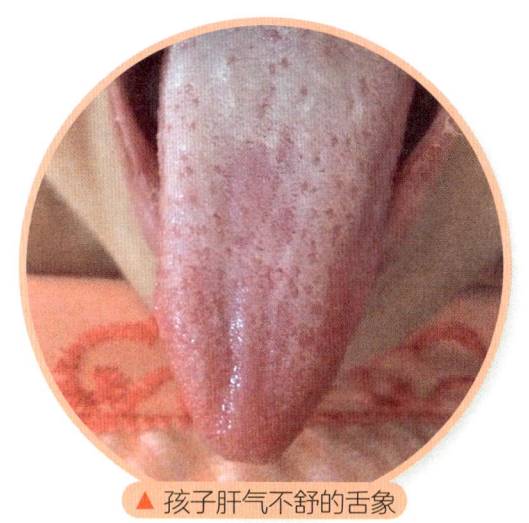

▲ 孩子肝气不舒的舌象

● 家长的育儿焦虑传递给了孩子

还有一些孩子肝气不舒的原因是家长的育儿焦虑太严重导致的。

很多家长有了孩子之后,不知道怎么养育,每天紧张得不得了,一看见孩子咳嗽了,"我的宝贝,你怎么咳嗽了?"他会特别紧张。孩子出门穿多了或穿少了,他也会特别焦虑,"天哪,怎么办?这个风是不是吹到你了?现在没有太阳,赶快换厚衣服……"

家长的这些焦虑情绪都会传递给孩子。孩子生活在不安的环境中,就会肝气不舒。

基本上,我遇到的这种焦虑型的家长,尤其有育儿焦虑的家长,孩子的身体没有健康的。

 ## 到底是让孩子健康重要，还是学业有成更重要？

引起孩子肝气不舒的原因有很多，除了前面提到的，还有孩子上学以后各种学业的压力，比如，家长期望太高，想让孩子上各种各样的补习班，比如，绘画、钢琴、舞蹈、瑜伽、柔道……

虽然学习这些技能，能够拓展孩子认知世界的能力，也确实是孩子将来丰富生活的一种手段，但是一旦家长过度追求这些"好"，这些东西就容易被家长变"坏"了。

我认为，如果孩子能在学习的过程中体会到其中的乐趣，这是一件好事，不仅可以提升孩子的动手能力和对美的鉴赏能力，还能培养孩子对未知领域的探索精神。

但如果孩子把上兴趣班当成了一件痛苦的事情，那这事就是对他的摧残。

有很多家长，带着非常强的功利心。比如，让孩子学钢琴，要求孩子将来考级，要超过别的孩子……

一旦家长带着这种心态让孩子学习，性质就变了。学习这些技能，是为了让孩子享受这个过程，好比弹钢琴是为了感受弹钢琴的美好，享受音乐，欣赏音乐，从而提高自己跟音乐的沟通能力，对孩子来说，这才是一种幸福。

我们不否认这样培养的孩子也能成才，但不是所有的孩子都要成为钢琴家。**对于 99% 的孩子来说，比成为钢琴家更重要的是享受到音乐的美。**

因此，作为家长，一定别想着我的孩子要成为郎朗，然后天天逼孩子学。看到视频里有的孩子一边哭一边弹琴，我觉得这是非常痛苦的，这会给孩子的心灵造成损伤，从而影响到他的身体健康，甚至在他长大以后，这些影响都在。

如果家长想培养孩子的兴趣爱好，让孩子每天弹几首曲子，培养一下他的乐感就好了；如果孩子长大一点儿后真的想成为一名音乐大师，那确实需要苦练一番，到时候家长再进行适度的鼓励和引导，也来得及。

没有哪个孩子的人生一定要走哪条路，家长也不能替孩子决定他今后的发展方向。

当然，人也不能没有压力，但对于年龄小的孩子来说，给他们的压力太大，会适得其反。

前段时间，我听说一对夫妇，出身农村，家境贫寒，后来通过学习改变了命运，当了大学老师。有了孩子以后，他们就希望自己的孩子一定要走他们走过的路，通过不断地拼搏、吃苦来改变自己的命运。

他们的孩子不断地上各种补习班、兴趣班，整得脸色都是青的，跟同龄的孩子完全不一样——别的孩子活泼阳光，这个孩子全是强忍着痛苦的那种状态。

我觉得这样特别不好。家长不要以自己的认知去考虑孩子的未来，时代已经变了，生活比以前好很多了，孩子不需要像父辈那样拼死拼活来改变命运。

经常有家长带着自己萎靡不振、对学习没有一点儿兴趣、经常生病的孩子来找我。家长总问我，为什么他家孩子会生病？其实，这都是因为家长对孩子的期望过高，总想让孩子考第一名导致的。

我经常会想这样一个问题：到底是孩子的健康重要，还是学业有成重要？

很多家长都把孩子的学习成绩看得很重，但我认为不如让孩子轻松点儿，即使考到十几名、二十几名也没事，只要孩子的身体是健康的，其他的不必过分强求。

我妹妹罗玲在澳大利亚生活过，她那时在学校工作，她告诉我，在澳大利亚无论是幼儿园的孩子还是小学生，他们的身体素质都要比我们国家的孩子好。为什么呢？

澳大利亚的教育鼓励孩子玩，幼儿园的孩子每天都到处跑，小学生也有很多时间做游戏，所以他们的身体素质都很好。

这些孩子长大后参加工作了，工作业绩也更容易突飞猛进。而国内的孩子小时候都在玩命地学习，不仅把身体搞垮了，还越来越讨厌学习，等参加工作以后，不但身体已经跟不上工作节奏，对学习新知识、新技能的热情也没有了。

很多家长都还没想明白这个问题，我希望把这个问题提出来后，各位家长能够想明白，您要调整自己的状态，不要对孩子寄予过高的期望。

孩子现在最需要的是健康、快乐——这个是很多家长没意识到的。

让孩子健康、快乐地长大才是第一位的。孩子不遭受什么身心创伤，没有什么缺陷，身体健康，他就能够乐观地看待身边的事物，无论经历什么事，他都能看到美好的地方。

我觉得这些能力才是重要的，也是孩子最应该学的。

因为我是中医，从医学的角度来看，健康第一。

作为家长，千万不要忽视孩子的情绪，要让孩子在健康、快乐、轻松的氛围中成长。如果能够这样的话，才是家长给孩子最好的礼物和财富。

孩子压力大不大，一看舌头就知道

通常，压力大、肝气不舒的孩子舌头伸出来是尖尖的，正常的孩子舌头伸出来应该是椭圆的。**一旦您看到孩子的舌头伸出来是尖尖的，就说明这个孩子有可能肝气不舒了。**

我经常看到有的孩子年龄才三岁左右，舌头就是尖尖的。

如果看到孩子的舌形是尖尖的，一定要引起重视。

有人认为舌头伸出来尖尖的，是因为伸舌头的时候使劲造成的。不是这样的。您想，我们正常伸舌头，谁会那么使劲啊？都是很自然地就伸出来了。

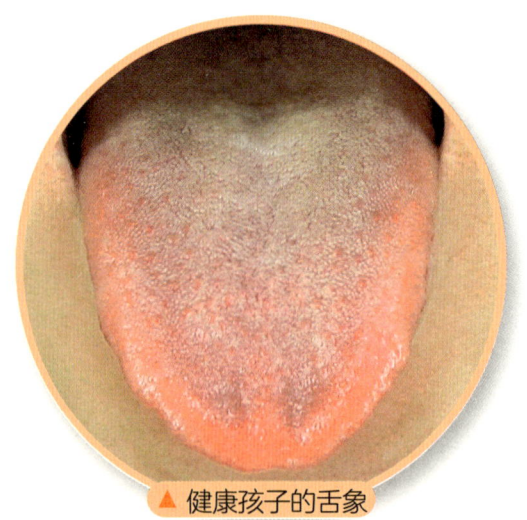

▲ 健康孩子的舌象

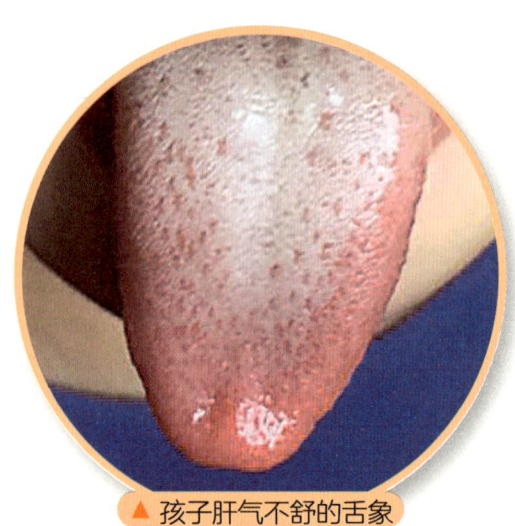

▲ 孩子肝气不舒的舌象

2 家长焦虑，就会让孩子肝气不舒

现代的家长通常分为三种：夸张型家长、过度谨慎型家长、紧张型家长，这些家长只要看到孩子的身体有个"风吹草动"，会觉得天都要塌了。面对孩子的身体问题，家长千万不要那么焦虑紧张，只有先调整好自己的心态，才能正确对待。

# 夸张型家长：孩子一旦得病，觉得天都要塌了

现在有些家长，由于孩子的身体不好，就带着孩子四处寻医，但却很多年都治不好病。每次看到这样的孩子，我都觉得特别可怜。而这些孩子的家长，无一例外都特别容易紧张，属于焦虑型人格。

有些家长一上来就说："哎哟，求求您了，救救我们家孩子吧！他一咳嗽，全家人的心都揪着，都要崩溃了！怎么办啊？找了好多名医都治不好。您说我家孩子这病是不是绝症啊？"

结果我一看，孩子在旁边玩呢，人家并没有咳嗽。家长又说，孩子一般是早上起来咳嗽三声，晚上咳嗽两声，平时基本上不怎么咳嗽——这样已经让家长觉得天都要塌下来了。

我觉得，不是孩子得病了，是家长得了心病。

但家长这么夸张地描述孩子的病情，很多医生一听，都觉得从自己行医以来，就没听说过这么严重的咳嗽，让这一家人的心都揪着……

实际上，家长夸张的描述很有可能导致医生加大用药剂量，或者误诊——孩子的身体本来没多大事，结果吃药吃坏了，反而对孩子的健康不利。

其实这个时候，您只需给孩子用点儿陈皮泡水喝，或者给孩子按摩一下，如果是受寒了，帮孩子把寒邪散去就可以了。一旦给孩子过度用药——"大炮打苍蝇"，结果"苍蝇"没打死，反而把"楼"给轰垮了。

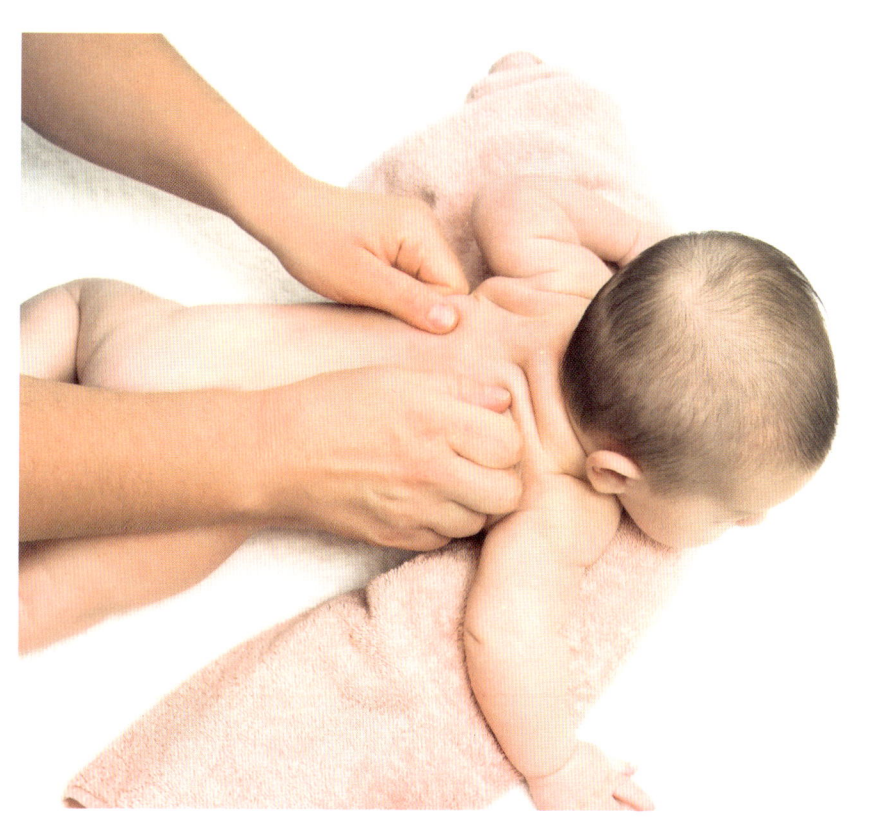

▲ 家长可以经常给孩子按摩，增强孩子的抗病能力

过度谨慎型家长：
全家人轮番 24 小时照顾孩子

有的家长跟我说，他以前在市政府上班，后来为了照顾孩子辞职了。

现在很多家庭本来就是四位老人照顾一个孩子，但有些家长觉得这还不够，自己也得回家照顾孩子。您说，孩子的压力得多大啊！

孩子睡觉，四位老人轮班看着，即便晚上也是如此——爷爷上半夜看着，奶奶下半夜看着，生怕孩子睡着后踢被子。

您考虑过孩子的感受吗？

孩子睡醒后，旁边一双眼睛在那儿盯着，孩子心理压力能不大吗？

现在这种过度谨慎型导致焦虑的家长越来越多了，他们总担心孩子出问题。但事实上，**家长越焦虑，对孩子的健康越不利。**

紧张型家长：
总觉得孩子的病很严重

很多家长来找我咨询孩子的病的时候，都会不厌其烦地问我同样的问题："我家孩子到底几天能好啊？是不是病得很重？罗博士您一定要跟我们说实话，孩子的咳嗽是不是很重？我家孩子是不是肾虚啊？罗老师您跟我说实话，我们能承受得住……"

我想说，您这么紧张，孩子没病也会被您说病的。

有一次，一个孩子的妈妈找到我，抓住我的胳膊就哭："罗老师，我终于找到您了。"

孩子在边上拉着妈妈的衣服也跟着哭，因为他看到妈妈哭，就觉得天都要塌下来了……

检查完孩子，没什么大问题呀！于是我问："您哭什么啊？"

孩子的妈妈说："罗老师，孩子病得可重了。"

接着她就给我描述孩子昨晚睡觉前有什么症状，今天早上有什么症状，今天中午又有什么症状……

我告诉她没事，这都是正常反应，还详细给她说了这是什么情况导致的。比如说孩子受了点儿寒，没事，只要喝点儿祛寒的药饮就好了。

我这么一解释完，才几岁大的孩子就说："哎哟，我放心了，早晨我还以为我要死了呢！"

您瞧这句话，让我心里特别有感触，为什么？

就是家长的紧张状态，夸大地描述孩子的病情，导致孩子变得特别敏感。

其实很多孩子在很小的时候就有生死的观念了，在某个特定阶段，他们会很怕死。您还天天跟孩子说这些，他能不害怕吗？

这个孩子说的话太实在了——听了妈妈的描述，他还以为自己要死了呢。

您想想，如果孩子经常有这种感觉，那他肯定会肝气不舒的。

有些家长觉得大人肾虚，孩子也会肾虚，认为自己家的孩子先天不足是因为自己身体不好造成的，所以会把焦虑紧张的情绪传递给孩子。

孩子本来没什么事，都是被家长的紧张情绪影响导致了肝气不舒，然后肝气横逆克脾土，又导致脾胃受伤，无法吸收食物中的营养补充肾气，最后孩子真的肾虚了。

因此，**面对孩子身体虚的问题时，家长千万不要那么焦虑紧张，总认为自己的孩子身体虚就一定是先天带来的，更不要没事就给孩子开个补肾的方子乱补。**

很多家长看到这儿，还是很迷茫——罗老师，不是我总认为孩子的身体虚弱，是他真的很虚弱，一有个风吹草动，别的孩子没事，我家孩子就感冒了……

我在前面和大家讲了，不良情绪会导致肝气不舒，从而让脾胃失调。那么，孩子为什么会脾胃失调？

以外感为例。外感属于呼吸系统的问题，多是肺气不固、外邪入侵导致的。肺气强壮的孩子，能够把外邪抵挡在体外，这样就不至于外邪入侵。

那么，为什么有的孩子会肺气不固呢？

中医认为，脾属土，肺属金，土生金——脾土生肺金。意思是，**脾胃功能的强壮，可以令肺功能强壮。**

但现在的很多孩子，因为各种因素导致了脾胃受伤，从而使肺出现问题，这是孩子容易得外感疾病的一个根本原因。

我见过的孩子外感的情况，大多数都是由于脾胃出了问题。

我常常说：在儿童的每一次外感背后，都可能找到脾胃失调的影子——这是现代儿童疾病的一个重要特点。

而儿童的生长发育，更是离不开脾胃。因为所有的营养物质，都要通过脾胃吸收并运化到全身，如果脾胃失调，无法吸收运化营养物质，则身体的成长会受到很大的干扰。

归根结底，只有人的脾胃强大，人体的防御部队——营卫之气才会强大，才不容易得病。

薏米

香菇

莲子

银耳

　　对于身体虚弱，但在日常生活中并无明显症状的孩子，家长只要注重日常保健，就可以帮孩子把身体逐渐调整过来。

　　首先，在饮食上，您可以给孩子多选择一些补脾益气、开胃消食的食品，如粳米、籼米、锅巴、薏米（薏苡仁）、南瓜、熟藕、山药、莲子肉、扁豆、栗子、红薯（番薯/地瓜）、红枣、马铃薯、香菇、银耳、胡萝卜、牛肉、牛肚、鲈鱼、葡萄，等等。

其次，您可以经常给孩子使用捏积法按摩，这对孩子身体发育非常有好处。

捏积法

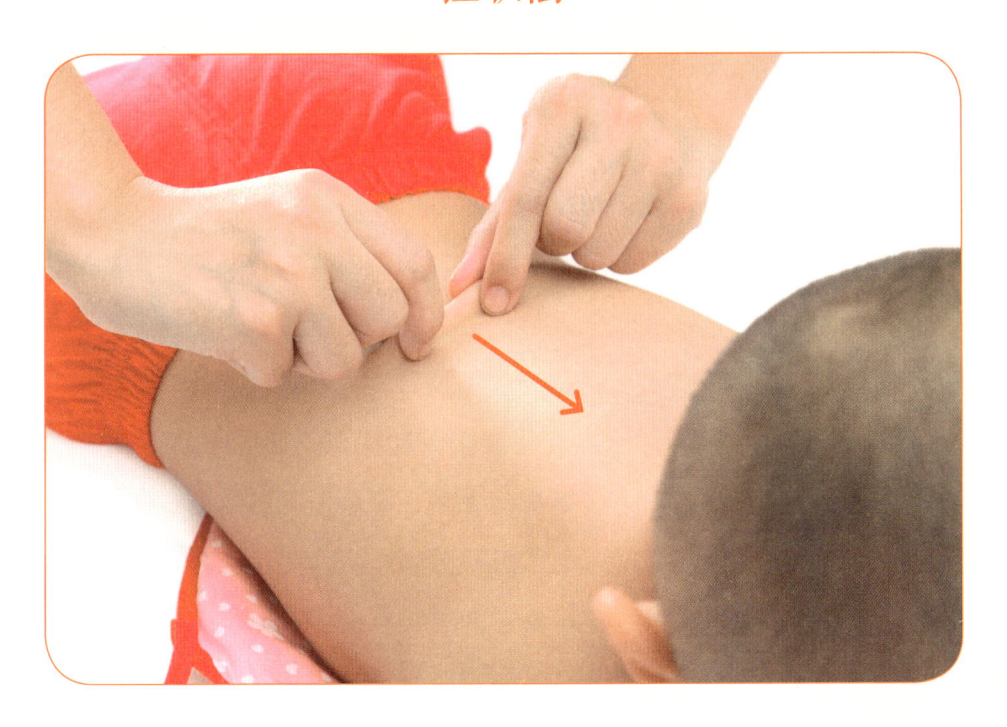

手法：

顺着脊柱的方向（从小朋友的臀部到颈部），用手指捏着孩子后脊背的皮肤向前捏三下，然后提一下，让孩子的肚皮离开床面。这样做，消除积食、调理脾胃的效果非常好。

叮嘱：

小朋友刚开始被捏积的时候可能不适应，因为有点儿疼，但是等适应以后，就会特别喜欢了，不捏都不舒服。

在孩子生长发育的过程中，因为学习压力大、久坐、活动时间少、吃的食物不安全等因素，背部肌肉往往会越来越紧，这是不正常的。如果家长常给孩子按摩，帮助孩子放松背部肌肉，就能对孩子的脾胃起到非常好的作用，让他们长期保持健康状态。

为什么使用捏积法按摩对孩子的生长发育有如此大的影响？

这是由脊柱对人健康的重要性决定的。实际上，脊柱在人体里起支撑作用，是支撑人体最主要的"线"。打一个比方，我们的内脏就好像都挂在脊柱上一样。我们的神经从脊柱里面分支长出来，进入内脏——内脏的好多功能都受神经的影响。不过中医不说神经，说的是经络。这些经络都是相通的，当我们内脏出问题的时候，您刺激脊柱的经络，就会帮助到内脏。

我们在按揉孩子脊柱的时候，实际上也是在帮孩子调理内脏。孩子身体虚弱，其实是因为长期处于压抑状态，身体里有了郁结，导致经络不通，而捏积法按摩实际上是在疏通、刺激经络，在增强孩子的自愈功能。

总之，虽然中医调理孩子身体的方法有很多，但很多家长还是要问问自己有没有过度焦虑的倾向。

您可能没有意识到自己是焦虑型性格，没孩子前您可能是一个比较谨小慎微的人，做事很严谨。但有了孩子以后，一旦您变得焦虑、紧张，这种性格里的"谨小慎微"就会被放大。

这也不难理解，现在一般家庭就只有一个孩子，看到孩子那么娇嫩，总是担心他会不会生病。

家长一定要明白，您只有先调整心态，让自己变得放松，孩子的身体才会真正健康。

3 孩子发育比同龄人差，很大原因是肝气不舒

孩子就像一个情绪感受器，他们太敏感了，对周围人情绪的感受能力非常强。如果夫妻关系不和睦，孩子就会感到不快乐，从心理学的角度来讲，这会在孩子的心里形成阴影，使身体受到不好的影响。

孩子的鼻子和嘴附近发青，是压力大、肝气不舒的表现

有一次我讲课之前，有一家人带着朋友来到讲台前说："罗老师，您帮我家孩子看一看吧！"

我一看这孩子，瘦得皮包骨头，个头比同龄孩子小很多。孩子的鼻子和嘴附近，还隐隐约约有点儿发青，这在中医上被认为是肝木横逆克脾土（肝失调影响了脾胃）的表现。面部中央部位对应脾胃，五行中木对应青色，**当孩子肝有问题的时候，鼻子和嘴周围的颜色就会发青。**

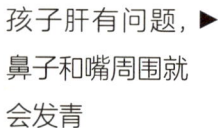

► 孩子肝有问题，鼻子和嘴周围就会发青

在中医望诊学里边有这么一个理论：脸上的不同部位，跟身体不同的脏器对应。

比如，两眉毛之间对应的是肺，两眼角之间对应的是心，整个鼻梁对应的是肝，鼻子尖和鼻翼对应的是脾胃。

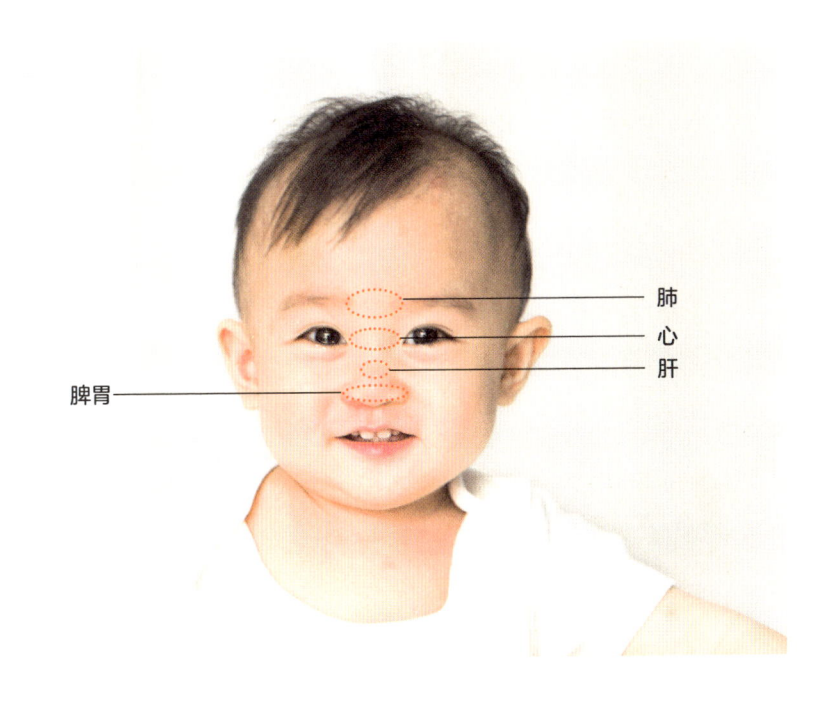

如果孩子肝气不舒，压力很大，鼻梁就会呈现青色。

此外，孩子鼻梁发青，还有可能他受过严重的惊吓。而且，这个青色会向下蔓延到嘴，因为脾胃对应的是嘴，脾开窍于口（鼻对应肺，目对应肝，唇对应脾，舌对应心，耳对应肾）。肝木克脾土，如果情绪不好也会影响脾胃功能。

因此，**脾虚的孩子往往在嘴唇周围有一圈淡淡的青色。**

于是我跟孩子的家人讲："我就要开始讲课了，可能没有办法给孩子仔细看了，但你们家气场不好，孩子感受到的压力太大了，导致他有点儿肝气不舒。你们可以找中医帮孩子调理一下，最重要的是要把家里的氛围调整好，只有环境调好了，我们中医开的方子才会有效。"

　　后来，有一位中医在微博上跟我说这家人去找他看病了，看病的时候，这家人把我对他们说的话讲给这位中医听了，于是中医就问他们："那你们家的氛围好不好呢？"

　　他们回答孩子的爸爸妈妈天天闹离婚。

　　为什么我一看就知道他们家的氛围不好呢？

　　因为这样的例子我见得太多了，由于父母闹矛盾导致孩子心身出问题的情况太多了，轻则孩子会出现各种不适，重则孩子会得一些难以治愈的疾病。

孩子的鼻子和嘴附近发青，可以吃枣泥山药糕补脾

关于枣泥山药糕的由来，《红楼梦》的第十一回中是这样说的：

凤姐儿到了初二，吃了早饭来到宁府，和秦氏坐了半日，说了些闲话，又将这病无妨的话开导了一遍，秦氏说道："好不好，春天

▼《红楼梦》中的枣泥山药糕不错，脾胃虚弱的孩子吃了可以补养

枣泥山药糕

就知道了。如见过了冬日，又没怎样，或者好的了也未可知。婶子回老太太，太太放心吧。昨日老太太赏的那枣泥馅的山药糕，我倒吃了两块，倒像克化得动似的。"

这便是枣泥山药糕的出处。其中，山药健脾胃，红枣补气血。是不错的补养小食，而且这道糕点药性平和，入口软糯，味道清甜，易于消化，脾阴虚、脾阳虚、脾胃虚弱的孩子都可以吃。

枣泥山药糕

扫二维码，即可观看制作视频

山药

大米粉

大枣

原料：大枣 30 粒、山药 200 克、大米粉 200 克、白糖适量。

做法：1. 大枣洗净，山药去皮，蒸锅上汽后入锅，大火蒸熟。

2. 大枣去核，过筛网，把筛网反过来刮掉的就是枣泥了。

3. 山药压成泥，加入大米粉、白糖，揉成面团。

4. 取一份山药泥，在手中拍成小圆饼，包入一团大枣泥。

5. 重起蒸锅，放入团好的糕饼，大火蒸 10 分钟即可。

当然，家庭气氛不好引起的孩子情绪和身体的问题，需要调节家里的气氛，改善家人之间的关系。虽然我们可以用各种补脾的方式稍作调整，因为补脾土可以抑肝木。

但这都是辅助的方法，最终还是需要调节家庭气氛，对于这个问题，大家一定要有所认识。

如果夫妻总是闹别扭，孩子可能发育差，甚至得躁郁症

如果孩子已经开始体质虚弱，长得比同龄人瘦小，您还不帮助他调理，并且不拿家庭氛围不好当回事，长期发展下去，孩子的身体会越来越差。

有一次我在给一些企业家讲课时，一位学员跟我说："罗老师，我有个朋友，他家孩子病得很重，您能不能帮孩子看一看。"

这个孩子得的是什么病呢？狂躁抑郁症，简称躁郁症。

这个孩子还曾跳楼自杀过一次，后来被抢救过来了，现在仍然住在医院里，据说是一个跟精神疾病相关的医院。

这位企业家还说："孩子的妈妈是我的好朋友，他妈妈现在已经病危了，拜托我以后帮她照顾一下孩子。罗老师您能不能救救这个孩子啊？"

我问他："孩子怎么病成这样了？"

他告诉我："以前这对夫妻关系挺好的，两口子各有一家企业，都是老板，一家三口原本很幸福。但后来我朋友的老公有外遇了，要跟我朋友离婚，两个人闹了好久，最后还是离婚了，朋友老公的企业也破产了，我朋友得了绝症。"

其实，孩子之所以如此都是情绪不好导致的。

孩子一旦受到打击，患了躁郁症类的疾病，就特别难调理。因为家庭已经破碎了，孩子受伤的心是很难愈合的。

这种因为夫妻关系不和睦导致孩子患重病的例子，我见过很多。从心理学的角度来讲，这会在孩子的心里形成阴影，使身体受到不好的影响。

孩子就像一个情绪感受器，他们太敏感了，对周围人情绪的感受能力非常强。

我们可以回忆一下自己的童年，很多事情都有可能在我们的心灵里留下阴影，只是当时家长没有意识到，甚至连我们自己也意识不到，但这些我们原以为已经从记忆中被抹去的事情会停留在潜意识里。

因此，那些经常拌嘴、冷战、家里气氛不好的家庭，一定要及早做出调整。

当然，也不是所有人天生就会处理夫妻关系，现在有很多分享夫妻相处之道的课程，您不妨去学习一下。

有一天我看视频的时候，就看到一位专家在讲这方面的问题。他说有些事情如果您换一种说法跟对方说，结果会完全不同。

比如，一位妻子想让老公下班以后带点儿菜回家，如果妻子的语气很强硬："你下班之后去买菜。"

老公说："我上班挺累的……"

还没等老公说完，妻子马上就回一句："你累什么累，你就是懒，有你喊累的时间，早就买回来了！"

这样即使老公把菜买回来了，也是一脸不悦。

如果这位妻子换一种说法："老公你今天辛苦了，晚上想吃点儿什么？想吃什么你就到菜市场买回来，我给你做。"这样老公肯定就乐呵呵地把菜拎回来了。

您看，同样的事情，处理方式不同，结果也完全不同。这是有技巧的，夫妻双方一定要有一位先学一下，先软下来。这样稍微做一下调整，家里的气氛改善了，就是孩子最大的福音。

这种方法对于没有大的冲突、没有根本性矛盾的家庭是适用的，但如果家里有根本性冲突，这个方法起到的作用可能并不大。

比如，那些离婚的家庭，夫妻关系已经破裂了，性格就是不和，每天打得天翻地覆，很多根本问题都解决不了，我觉得这样的夫妻想要重归于好很难。

其实，如果每个人真的意识到，这辈子人与人能够相遇是一种缘分，您就会好好珍惜彼此在一起的时光了。像很多夫妻就是想不开，非要离婚，这时候您让医生去调理孩子的病情，一定是很难调好的。医生能做的，只是用中医的方法帮孩子缓解一下症状。

在孩子的身体还没有出现大问题的时候，家长一定要处理好夫妻关系，否则等到夫妻关系对孩子的心灵和身体造成大影响了，会追悔莫及。

当然，有的家庭夫妻离婚以后，孩子也能正常成长，后来孩子的父母又各自组建家庭了，孩子也过得挺幸福的，但毕竟这种情况只占少数。

作为一名中医，我见过形形色色的人。现代社会，很多误入歧途或者身体出了问题的年轻人，都生长于父母离异的家庭。孩子从小失去家庭的温暖，性格会变得偏激，走向社会后也会出现很大的问题。离异家庭出现问题少年的概率要远远高于普通家庭。

一个家庭既然已经建立起来了，夫妻俩就要想着怎么才能够相处好，给孩子一个轻松、幸福的成长环境。

很多家长想明白之后都跟我说："我们现在追悔莫及，当时怎么能那样做呢？现在孩子已经患病十几年了，每天都那么痛苦。我们真是后悔啊！"

孩子的成长只有一次，如果在他成长的过程中，您没能给他一个好的环境，对孩子造成的伤害是不可估量的。

因此，各位家长一定要深思，一定要有所警醒。

4 别以为孩子小就不会贫血

孩子贫血的原因基本分为两种,第一是积食导致的,第二是压力大导致的。这是孩子成长发育中一个很大的问题,家长要引起重视。

孩子一旦贫血，各方面发育肯定不好

很多家长都问过我关于孩子贫血的问题，实际上，这是现在发生于儿童身上比较普遍的一个问题。但说实话，很少有家长意识到这个问题的严重性，而且家长也不太会给孩子验证他是否贫血。

我最早意识到这个问题，是在很早以前给一个大型幼儿园做讲座的时候。

当时，讲座之前园长和我说："罗老师，您能不能谈一谈孩子的贫血问题？"

我说："为什么谈孩子贫血呢？"

他说："您不知道啊，我们刚给孩子做完体检，发现很多孩子贫血，所以一会儿给家长讲健康问题的时候您能不能讲讲这方面的问题？"

因为这个事，我开始关注孩子贫血的问题。经过不断地研究，我发现真的有很多孩子贫血，而且还有相当多的家长不知道自己的孩子贫血——家长对于孩子贫血的意识不清楚，所以他也想不到给孩子检查这方面的问题。

▲ 孩子也会贫血，吃龙眼就可以补

贫血对孩子的影响是很大的，如果孩子的气血不足，尤其是血不足，孩子的生长发育就会受到影响。

血是什么？是营养的载体，供给人体生长发育需要的养分。如果体内的血液不足，孩子的思维会出问题，为什么呢？

因为他的大脑供氧不足。一旦血不养心，还会出现健忘的情况，长此以往孩子的智力发展会受到阻碍，看起来不如别的孩子机灵。

血亏是孩子成长发育过程中一个很大的问题，很容易被忽略，所以，家长一定要引起重视。

家长怎么知道孩子是不是贫血呢？

孩子贫血跟中医里血亏的概念大致是一样的。有时候中医会说您血亏，当然可能未必检测出贫血，但是血亏严重了您再到医院检查，基本就已经贫血了。

血亏有什么征兆？血亏状态是什么样的呢？

● 血亏的孩子面色不够红润

首先，血亏的人面色不华。这个是非常重要的，一个人正常的脸色应该是有点儿红润的感觉，气血足的人一看就知道——脸色红润，看起来红扑扑的。

过去很多孩子的脸蛋像红苹果一样，现在这样的孩子估计没有了，这确实和现在孩子的运动少了有关。

很多孩子脸色苍白，或者脸色发青、发黄，看不出一丝血色，有的孩子脸色白里透黄，没有润泽的感觉。总之，看一眼就知道他的身体肯定不是那么健康。

● **血亏的孩子黏膜部分颜色比较浅**

血亏的孩子看起来就不是那种特别红润的状态，尤其黏膜部分的颜色会浅。比如，舌头的颜色浅，一按手指甲回血慢，眼睑的、嘴唇的颜色都比较淡。

● **血亏的孩子毛发会干枯，皮肤会干燥**

血亏的孩子毛发会干枯。发为血之余，所以一个人血亏头发会显得干枯。

有的小朋友的头发确实是这样，看起来就不是那么润泽。

血亏的孩子皮肤也特别干燥，但这种一般是血亏严重到一定程度了，一般孩子不至于到皮肤干燥的地步。

● **血亏的孩子一累就头晕**

血亏的孩子还容易头晕眼花，尤其一累就头晕。大家别以为只有大人会头晕，有的小孩累了也头晕，还有的孩子蹲在地上一站起来会感觉眼前发黑（很多女性血亏也会有这种表现）。

通常，这种孩子的睡眠也有问题，这都是血不养心导致的。

● **血亏的孩子看着很蔫**

血亏的孩子会精神萎靡不振，看着有点儿发蔫。您让他算什么东西、记什么东西，他马上会觉得脑袋累，因为他的血不养心。

我们思考问题的时候用的是心血,如果血不养心,心血亏的话,就什么都记不住,一想事就累。

血亏的孩子平时一看书、一想什么事就觉得干脆不如躺一会儿,会有疲乏感。如果是血亏比较严重的大人,还会有心悸、心脏偷停的情况。有的大人还会手脚冰凉、怕风怕冷,这些都是血亏的表现。遇到这种情况,您还可以带孩子一起配合西医的检查,来判断孩子和自己是不是贫血了。

▼ 孩子血亏,一看书、一想什么事就觉得很累

大人贫血很常见，孩子咋也会贫血呢？

现在大部分人贫血的原因是思虑过度，每天都在想问题。大人贫血是相对普遍的，现在大部分人贫血的原因是思虑过度，每天都在想问题。尤其女性有特殊的生理结构和生理功能，会导致失血较多。

孩子每天不上班，不用想业绩、接近客户、怎么制作方案等，为什么也会贫血呢？

是这样的，孩子贫血也分年龄。上了学以后的孩子学习压力很大，会导致思虑过度，从而消耗心血。您看有的孩子很精很灵、思维很快，其实这都在消耗他的心血，是需要家长及时给他补养的。

还有一部分孩子贫血是脾胃受伤导致的。怎么回事呢？

中医认为，血是脾胃吸收了食物的营养物质转化而来，所以脾胃的作用十分关键。

有的人说："这不是造血干细胞的事吗？"造血干细胞的营养也是靠脾胃吸收食物的营养物质转化而来，脾胃为后天生化之源，是我们身体能量来源很重要的组成部分。

一旦脾胃受伤，无法把食物的精微转化为营养物质，孩子的血液来源就会出现问题。如果把身体的血比作游泳池，里边要蓄水的话，有进水口和出水口，脾胃就相当于进水口，思虑的消耗就是出水口。

有的孩子压力大，天天想我考试要考第几名，那么他的"出水口"流出的水就多。一旦"进水口"——脾胃受伤了，不往里边进水了，而"出水口"还在一直流出，水池的水就会越来越少。

● 一旦孩子积食，就会导致贫血

现在的孩子吃得特别好，吃好东西多了会积食，积食之后脾胃会受伤，从而运化食物的功能和转化营养的功能会出问题，所以血液来源就跟着出问题。

这个问题的核心就在于积食——吃得太好了。

像我小时候，积食的孩子很少，那时候粮食短缺，早上起来我们家吃的就是粥和一点儿馒头，搭配咸菜或腐乳吃，一般没有什么其他吃的了。小学的时候连上四节课到中午12点下课，我印象特别深的是，到最后一堂课的时候，我常常饿得两眼冒金星，或者饿得眼前发黑，就想立刻下课回家，老师在课上讲的什么我根本听不清楚，满脑子想的都是我吃过的好东西，挨个想，越想越馋。等到下课了赶快往家跑，回去吃东西。

为什么会这样？

那个时期的孩子吃的东西都没有什么营养，想喝点儿牛奶是不可能的（当然牛奶喝多了也会对孩子造成伤害）。当时的牛奶只有肺结核患者凭医院的证明才能去学校的牛奶棚领一瓶，这些患者可以一天喝一瓶，普通人根本喝不着。想吃点儿鸡蛋也很难，有时候我家的农村亲戚来串门拿些鸡蛋给我们，我吃鸡蛋会被很多小朋友围观，"我的天啊，你家吃得起鸡蛋啊！"您想想，就农村亲戚拿来点儿鸡蛋吃都能被大家围观，可以想象我们小时候的营养摄入有多么不足。

为什么说孩子贫血了，蹲着之后站起来会眼前发黑呢？

我小时候就有过这种经历，一站起来眼前一黑，这是饿的。但是现在时代完全不一样了，顿顿能吃到红烧排骨、红烧鸡翅，只要孩子想吃，爷爷奶奶使劲给孩子做，"宝贝孙子，一个大鸡腿吃完了，再吃一个，多吃点儿，吃胖才好，不胖怎么有营养，身体怎么行呢？"

现在的孩子想吃汉堡，马上就去买……所以，现在孩子的贫血已经到了另外一个阶段——营养过剩。

营养过剩会怎么样呢？营养过剩会把脾胃给堵了，本来孩子的脾胃就弱，您一下让它超出负荷了，脾胃功能一下就抑制了，或者脾胃虚弱，不能吸收了，营养也就不足了——这是现代社会孩子贫血的主要原因。

您看着孩子吃得好，但问题是他吃的吸收了吗？都运化到全身了吗？

没有，因为他的脾胃已经积食了。这样的孩子您一让他伸舌头，会发现他的舌苔很厚，嘴里有味，大便的味道更大，小肚子也会鼓鼓的。

▲ 孩子积食的舌象

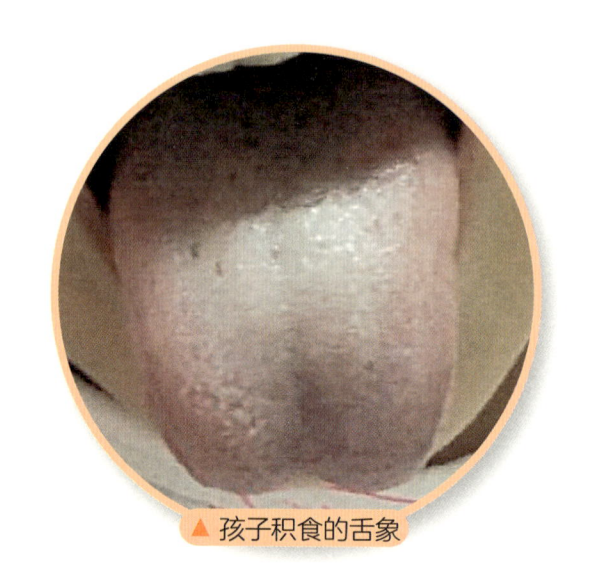

因此，现在孩子贫血的原因大致分为两种：第一种是吃得太好了，脾胃运化不掉了；第二种是学业过重，思虑过度了。

我觉得，家长要帮孩子调理脾胃，一边消积食一边补脾。孩子脾胃慢慢强壮起来了，能够吸收营养物质，能够运化了，就开始恢复正常工作了。

一旦这些食物转化为营养物质——"进水口"开得大了，体内的血就多了。

● 孩子压力大，就会导致贫血

此外，"出水口"也要调整。比如，让孩子适当休息，不要给孩子太大的压力。

现在很多小朋友写作业写到晚上 12 点，长此以往对孩子的身体影响太大了。您说孩子的身体不好了，一身病，将来就算学习好点儿又有什么用呢?

我觉得一定要尽量保证孩子睡眠充足,不要让孩子被搞到身体一团糟。家长有条件可以自己先改变,不要给孩子提太多要求,或非得把孩子送到国际学校去。送到普通一点儿的学校也是可以的。

将来孩子的社会地位如何,没有那么重要,当多大官也没有那么重要,挣多少钱同样没有那么重要,最重要的是他的身心健康。

像我小时候饿成那样,大部分孩子天天看书也能挺下来,为什么呢?只有这一条路。其次,就是我们的身体还行,天天跑着玩,所以身体相对也强壮一些。

现在的孩子很少在外面跑着玩了,大人像看护嫩豆芽一样看着孩子,所以孩子的身体普遍都很弱。等孩子上了学,又受到这么大的压力……我觉得很多孩子眼瞧着就要崩溃了,身体就要出问题了。

作为家长一定要好好想想,到底什么才最重要?是身体好重要,还是将来考个高分获得的社会地位、金钱、名誉重要?

其实,很多考高分的孩子,最后也未必能获得什么。我现在发现经商的人里,往往是健康的人能笑到最后。身体出问题的人,就算企业做得再大,最终也全归零了。

有的人是大老板,有的人是普通工人或摆摊小贩,难道摆摊小贩就一定比大老板过得不开心吗?我觉得未必,很多人普普通通过一生,晚上回家看一会儿电视,吃个饭,不操心,也过得挺开心的。很多人当了大老板之后,名利双收,但有操不完的心,他的身体反而可能更糟糕。

总之，现在很多孩子压力极大，确实是导致身体出现问题的因素之一。我讲的孩子贫血只是其中一部分，作为家长一方面要在饮食上给孩子调理，尽量别让孩子积食，别什么东西都使劲给他吃，要保持一个度。

另一方面要让孩子适量放松，不要让他压力那么大，经常带出去玩玩，带他到有绿色植物的地方去玩，比如，森林、草原、农村等。我经常说，这些由于压力大（肝气不舒）而生病的孩子，如果把他放在农村生活两个月，回来以后他的身体状况会有明显改善。

为什么会这样呢？首先，绿色入肝，可以调理肝气，肝气不舒时经常在绿色的环境里，您会觉得赏心悦目，会觉得肝气舒畅，这很重要；其次，让孩子多接触大自然，通过大自然把他的注意力分散，孩子的焦虑就会烟消云散。

我小的时候生活在城市，那时候城市还很乱、很落后，当时我们家的生活条件不好，家庭气氛也不好，家里也会出现各种冲突，这使我肝气不舒的问题特别严重。

那时我的性格非常不好，有时候早晨起来听着远处火车的鸣笛声，我心中就会感觉特别悲凉。现在回想起来，我关于城市的所有记忆都是黑白色的。那个时候我的脾气也特别大，跟现在完全不一样。脾气大到什么程度呢？我母亲根本管不了我，她说我是宁死不屈的性格，就是打死我，我还是会满地打滚，就算哭晕了，我也不会善罢甘休，反正特别能闹。

那后来我是怎么调整过来的呢？

当时，上过大学的知识分子都要下放到农村去劳动，我父亲就被派到了一个叫高山农场的地方，他到农村劳动回不来，我母亲独自在家带我。结果我把家里搞得天翻地覆，暴力得不得了。有一次我父亲回来，我母亲就跟他说："这孩子我带不了，你把他带走吧，我实在管不了他了。"于是我父亲就把我带到农场去了。

这样的生活变化有什么好处呢？

父亲带孩子，他的威严起了作用，这和母亲带孩子不一样。我为什么特别强调育儿过程中，父亲一定要参与呢？因为如果父亲的位置缺失，就会导致育儿失衡，只有父母二人一起育儿，一阴一阳，才能让孩子的生活正常。如果父亲缺位，只有母亲育儿的话，母亲的压力就会特别大，而且整个育儿过程中缺乏阳刚特性，对孩子日后的性格养成不利。

父亲把我带到农场以后，一是父亲的角色不再缺失了，二是在农场可以更多地亲近大自然。我现在回忆起当时那个农场，都觉得很美，有水塘、稻田、蓝天、白云……，田里还种着西红柿、黄瓜、茄子……。在那样的环境里，我的性格慢慢改变了。

我现在回想起来，关于城市的童年记忆全部是黑白的，没有彩色；而我童年的彩色记忆，都是从去那个农场开始的，那时候每天在大自然里玩，很开心。

几个月后，我回到家，我母亲一看，这孩子怎么变了？性格变得阳光、积极了，每天都很开心，没有以前那么能闹了，仿佛几个月之间我就长大了。据爸妈说，当时我回来后还调皮地说："再让我去住一段时间，我的变化更大。"

到现在我依然认为，那个叫"高山"的农场是我童年的天堂。

现在我想再去这个农场看看，家里的老人曾告诉我，这个农场在沈阳的郊区，但现在这些老人都已经去世了，我也找不到这个地方了，但那里给我带来的美好回忆却一直都在。

在到处都是钢筋水泥的城市里，我被损伤的那些感知美好的能力，在大自然中获得了修复。所以我坚信，大自然也可以治愈您孩子（甚至是家长本人）的问题。无论孩子是因为家里的矛盾，还是因为学习压力大而引起的肝气不舒，如果能够到更接近大自然的地方去生活一段时间，都能够调整过来。

只不过很多家长都怕把孩子的学业耽误了，怕孩子不上补习班会输在起跑线上，因此总是说没有时间送孩子去这种地方玩。我觉得这是一种错误的想法。

如果一个孩子丧失了感受美好的能力，肝气不舒了，身体出现疾病了，您让他上多少补习班都是没用的，甚至还会起到相反的作用，这样孩子的排名再高又有什么意义呢？

这个时候调整孩子的情绪和身体最重要。尤其是生活在城市的孩子，家长一定要多带孩子去亲近大自然，这对孩子的身心健康非常有好处，我很推崇这种自然疗法。

孩子贫血后，可以吃桂圆烧蛋补回来

孩子一旦气血不足，该怎么吃回来呢？这道桂圆烧蛋，家长们一定不要错过！

这道桂圆烧蛋做法非常简单，如果家长发现孩子贫血，在平时就可以煮给他吃。

但需要注意的是，桂圆性温，如果体内有痰，或是正在感冒，就不适合吃。

▼ 桂圆烧蛋，非常适合贫血的孩子吃

桂圆烧蛋

扫二维码，
即可观看制作视频

桂圆

红枣

红糖

鸡蛋

🥣 **原料**：鸡蛋1个、桂圆6颗、红枣5颗、红糖适量（图中分量仅供参考）。

🍲 **做法**：1. 红枣去核，桂圆去壳，一同放入锅中，煮沸后转小火煮10分钟。

2. 暂时停火，打入一个鸡蛋，焖2～3分钟。

3. 接着开小火，把鸡蛋煮熟，再加入适量红糖，搅拌化开即可出锅。

孩子贫血后，还可以给他喝核桃花生露

核桃花生露补血、益智、健脾养胃，不仅适合贫血的孩子服用，学龄儿童喝一些都是于成长有益的。

▼ 核桃花生露是给贫血孩子补血益智、健脾、养胃的佳品，学龄前的儿童也可以喝一些

核桃花生露

扫二维码，即可观看制作视频

花生仁

核桃仁

粳米

破壁机

- **原料**：核桃仁30克、花生仁30克、粳米20克。
- **做法**：
  1. 核桃仁、花生仁洗净，温水泡2小时左右；粳米洗去浮尘即可。
  2. 核桃仁、花生仁与粳米一同倒入破壁机中，加入800毫升左右的水，一键启动。
  3. 稍放温后倒出，加入适量蜂蜜搅拌溶化即可。

花生衣，又称红衣，指花生种子外表面的一层红色（或黑色）种皮。花生衣是一味传统中药，性味甘、涩、平，入肺、脾、肝经，具有健脾和胃、养血止血、散瘀消肿之功效。

中医认为，"脾统血"，气虚的人就容易贫血，花生衣正是因为能够补脾胃之气，所以能达到养血止血的作用，这在中医里叫"补气止血"。

花生衣可以补血养血，花生仁也是健脾和胃的佳品。

花生味甘，性平，入脾、肺经，能够健脾养胃、润肺化痰。《本草求真》中记载："花生专入脾、肺。味甘而辛，体润气香，性平无毒。此香可舒脾。辛可润肺。果中佳品。诚佳品也。"

核桃仁味甘，性温，归肾、肺、大肠经，能够补肾、温肺、润肠。

现代研究认为，核桃可以改善大脑的学习与记忆能力，并且核桃中所含的抗氧化物质和 α-亚麻酸是具有补脑、健脑作用的。

粳米在中国作为食物至少有两千多年的历史，药用首载于《名医别录》，其功效为"主益气，止烦，止泄"。粳米味甘，性平，归脾、胃经，具有补中益气、健脾和胃、壮气力、强肌肉的功效。

5 压力大、肝气不舒的孩子，更容易患流感

我之前一直认为是因为孩子身体虚弱，家长才会紧张的。但后来我发现，恰恰相反，是家长经常大惊小怪的状态，让孩子惊恐不安，引起了肝气不舒，从而导致孩子的身体越来越虚弱。

孩子最容易在家长的过度关心下肝气不舒

前面讲过，家长的育儿焦虑会导致孩子出现心身疾病，这除了跟家长自身性格特点有关，还跟大部分家庭只有一个孩子有关。

现在很多孩子都是独生子女，过去一家有七八个孩子是很正常的，家长不会过分关注哪个孩子，基本上都是散养状态。

我小的时候经常看到大孩子带小孩子，每家的孩子基本都是这么长大的，而这样长大的孩子，健康方面反而没什么问题。为什么呢？

因为孩子的成长过程都是有规律的，六个月能坐、八个月会爬、十二个月能走……**现在的家庭就一个孩子，家长天天盯着孩子的一举一动，过多对孩子的生长进行干预，反而会让孩子的身体出问题。**

过去是因为家里的孩子太多，物质条件也没有现在好，家长根本没有条件干预。但现在，新手父母既没有带过弟弟、妹妹的经验，也没有养孩子的经验，突然有了孩子，就会不知所措。

如果家长本来就是容易焦虑、紧张的性格，看见刚刚出生的孩子——这么娇小的生命，就会想：我该怎么照顾他呢？于是就会焦虑。甚至很多父母看到自己刚出生的孩子，碰都不敢碰。

有人说："没关系啊，家长没有经验，老人有经验啊，可以让老人帮忙照顾啊。"

您先别这么想。为什么呢？

如果孩子多，老人的注意力比较分散还好，但全家要是就这么一个宝贝，四个老人照顾一个孩子，您知道老人会是什么状态吗？

很多老人会特别宠爱孩子，甚至有的老人说："为了孩子我付出什么都行。"

如果老人照顾孩子的时候是这种状态，是很难正确育儿的。在这种情况下，往往老人比孩子的父母更容易手足无措。

当四位"喜出望外"的老人和一对焦虑、紧张的父母凑到一起，大家会因为育儿问题发生矛盾，爷爷、奶奶和外公、外婆会因为照顾孩子的问题发生争执，老人跟孩子的父母也会因为育儿理念不同出现分歧——您觉得孩子应该吃这个，他觉得孩子应该吃那个……

其实，育儿的焦虑对独生子女的影响会更大。

我见过这样的父亲，孩子发烧，出现了急惊风，还引起了抽搐、惊厥，这本来是孩子发烧后的正常现象，但孩子父亲却被吓哭了。

我在报纸上还看到过更夸张的，孩子发烧了，烧得很严重，父亲马上开车往医院赶。快到医院门口的时候，怕停车会耽误时间，直接撞碎了医院的玻璃大门，把车开到了急诊室门口，下车后说："赶快给我家孩子看病，撞碎的玻璃我会赔的。"

这种行为会给医生带来很大的心理压力，导致医生在分析孩子的病情时不能完全冷静、客观。

现在儿科是医患冲突比较大的科室，您经常会在儿科看到这样的情形，护士在给孩子输液的时候，第一次没扎到血管里，第二次还没扎到血管里，家长就急了："我家孩子能被你这么一直扎吗？你到底行不行啊？"

于是，冲突就来了，甚至有些家长会为此跟医务人员打起来。

这说明什么？说明家长的心态是不平和的。您想，如果被扎的是您，医生扎两次没扎进去，您最多会想：这个人可能是新手，操作还不是很熟练，多练一练就好了。那怎么同样的情景发生在您家孩子身上，您的态度就变了呢？

如果家里只有一个孩子，家长对孩子就会更紧张，孩子的身体一旦出现了问题，这个问题就会被放大，因此也会导致孩子更容易被过度治疗。

我见过很多独生子女的身体问题都与过度治疗有关。

在独生子女的家庭，家长的这种焦虑状态一定会传递给孩子，让孩子也变得焦虑，从而引发孩子肝气不舒。

那些来找我给孩子看病的家长，一上来就说："哎呀，罗老师，求求您救救我家孩子吧！"

我一看家长的情绪，就知道他家孩子一定不是"乐天派"，一般都是身体瘦弱、脸色灰暗的，跟同龄孩子比起来，个子也会矮一点儿，眼神看上去有点儿像受到惊吓的小动物，又敏感，又紧张，又有点儿恐惧。

我之前一直认为是因为孩子身体虚弱，家长才会紧张。但后来我发现，恰恰相反，是家长经常大惊小怪的状态，让孩子惊恐不安，引起了肝气不舒，从而导致孩子的身体越来越虚弱。

因为肝主升发，肝气疏泄正常，孩子才能正常生长，肝气郁结的孩子会出现个子矮小、身材瘦弱的情况。

当然，孩子身体越弱，家长就越容易紧张，家长越紧张，给孩子的压力就越大，再加上独生子女的成长环境特殊，孩子的压力就更大了。

比如，孩子感冒了，很多人都希望跟我要一个治感冒的方子，但他们可能不知道，孩子的感冒很可能是肝气不舒、气血郁结引起的，而肝气不舒，气血郁结又很可能是家长给孩子的压力导致的，外感仅是一个诱因而已。

压力大、肝气不舒的孩子，更容易被病毒击中

有一个小女孩患流感六天了，家长带她来找我的前一天晚上给她喝了泰诺（用于小儿感冒，可减轻普通感冒或流行性感冒引起的发烧、头痛、四肢酸痛、打喷嚏、流涕、鼻塞、咳嗽、咽痛等症状）后，她的体温降到了正常值，但是还有干咳、鼻塞等症状。看了这个小朋友的舌象，比较有特点，孩子舌头伸出来是尖尖的，不是椭圆形的。

舌象如下图所示，这种舌象多是压力较大、肝气不舒引起的。

我认为，小朋友肝气不舒的原因大致分为这几种。

①对于还没有上学的，三岁左右孩子来说，一旦肝气不舒，可能是家长的压力比较大，影响到了孩子。

②如果是学龄前或已经上学的孩子，肝气不舒则可能是

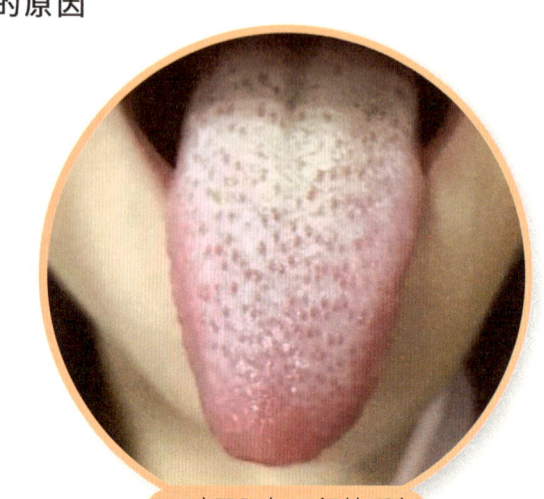

▲ 孩子肝气不舒的舌象

各种学习压力导致的。

③还有一部分孩子是因为家里太娇惯了，使得孩子的脾气比较大。

④孩子性格比较敏感，有一点儿事情就会倍感压力。

一旦孩子有了压力，就特别容易郁结（肝气不舒），郁而化火，体内就会产生内热。

在有外感的时候，这种情况会特别明显，上图中小朋友的舌头上有很多隐藏在舌苔下的小红点儿，这就是郁而化火的表现。

同时，因为压力大，气机不畅，水液运行也会出问题，很容易导致体内有痰湿停留。如果孩子的舌苔很厚，就是痰湿停聚的表现。

一旦有外邪进入体内，内火就容易与外邪结合，引起发烧，而郁结却让体内的正气运行不畅，这样抗病能力就会下降。

我每天看到很多家长发来的孩子的舌象，大部分都是这样的，这说明肝气不舒的孩子比较多——这样的孩子就更容易被病毒击中。

对于这样的小朋友，我建议使用柴胡类方子，比如，著名的小儿柴桂退热口服液，或小儿柴桂退热颗粒，都是可以的。

如果能配上一点儿蒲地蓝口服液清泻热邪，效果会更好。

中医讲的柴胡类方子指的是在小柴胡汤的基础上加减而成的方子，所以如果没有买到小儿柴桂退热口服液，也可以买小柴胡颗粒。小柴胡汤具有和解少阳、打开郁结的作用。

得了流感的孩子，帮他按摩拇指的脾经，食指的肝经、大肠经……

人体之气的正常运行是人体活动的基础。一旦气的运行受阻，就会出现瘀滞、肝气不舒等常见的表现。

肝脏是调畅气机运行的，所以更容易受到影响而出现情绪方面的改变，如脾气差、容易生气、总是闷闷不乐，等等。

孩子一旦情绪不好、压力大，再进一步就会发展成肝火了，"气有余便是火"。这时人往往爱发脾气，容易生气，情绪会比较急躁，还会有"上火"表现。

此外，容易肝火旺还与孩子的生理特性有关。肝是"常有余"的，肝气足的孩子会生机勃勃、发育迅速，但同时也容易化火化热。

这时家长就要给孩子用清肝泻火的按摩方法帮他调理。

因此，除了给孩子吃一些清热解毒的药，家长还可以配合按摩，对孩子来说效果会更好。

清补脾

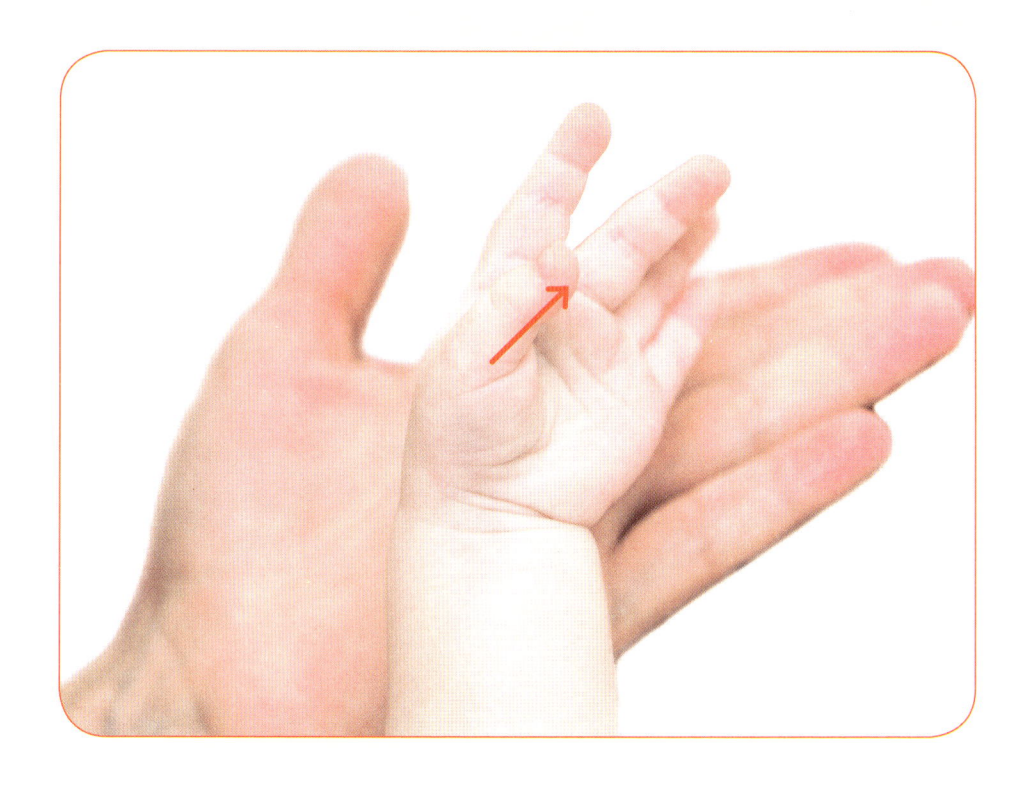

位置：脾经位于小儿拇指的桡侧缘，清补脾即来回推之，最好将拇指微微屈曲再操作。

功效：清补脾能清热利湿、化痰止呕。

次数：200 次（具体次数和力度以孩子能承受的情况为准）。

清肝经

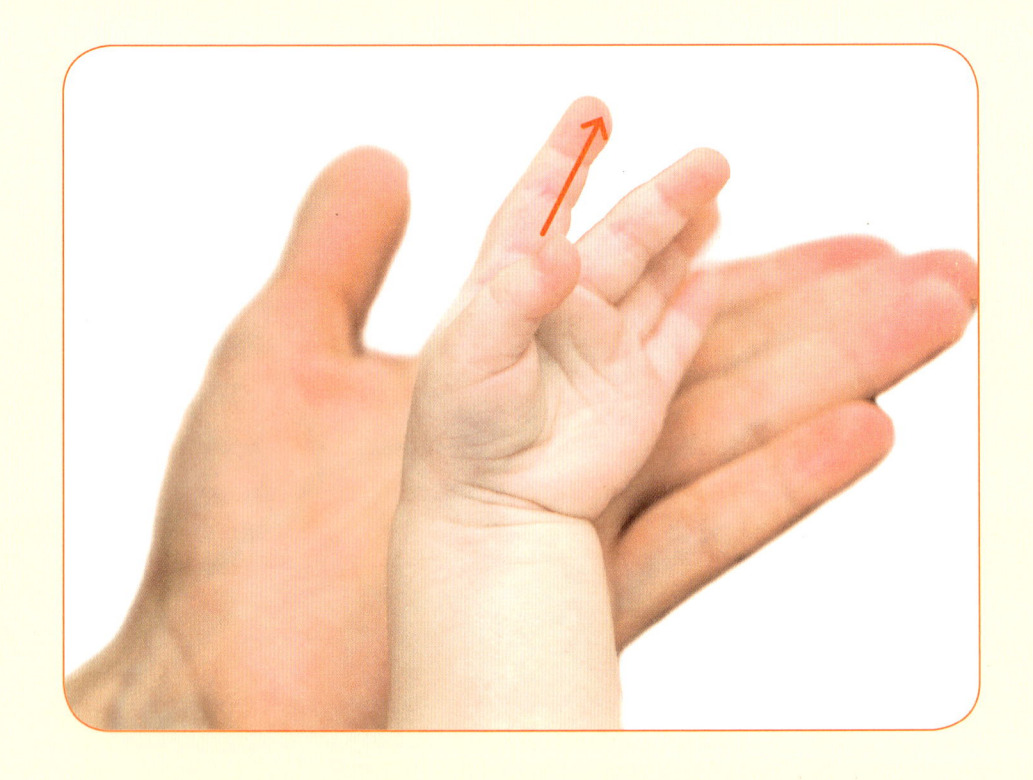

位置：肝经位于小儿食指的掌面指根到指尖，从指根直推向指尖为清。

功效：推拿肝经具有熄风镇惊、养心安神的作用；主治小儿惊风、抽搐、烦躁不安、夜啼、癫痫、发烧、口苦、咽干、目赤等病症。小儿因肝常有余，所以应常用清法。

次数：200次（具体次数和力度以孩子能承受的情况为准）。

清大肠经

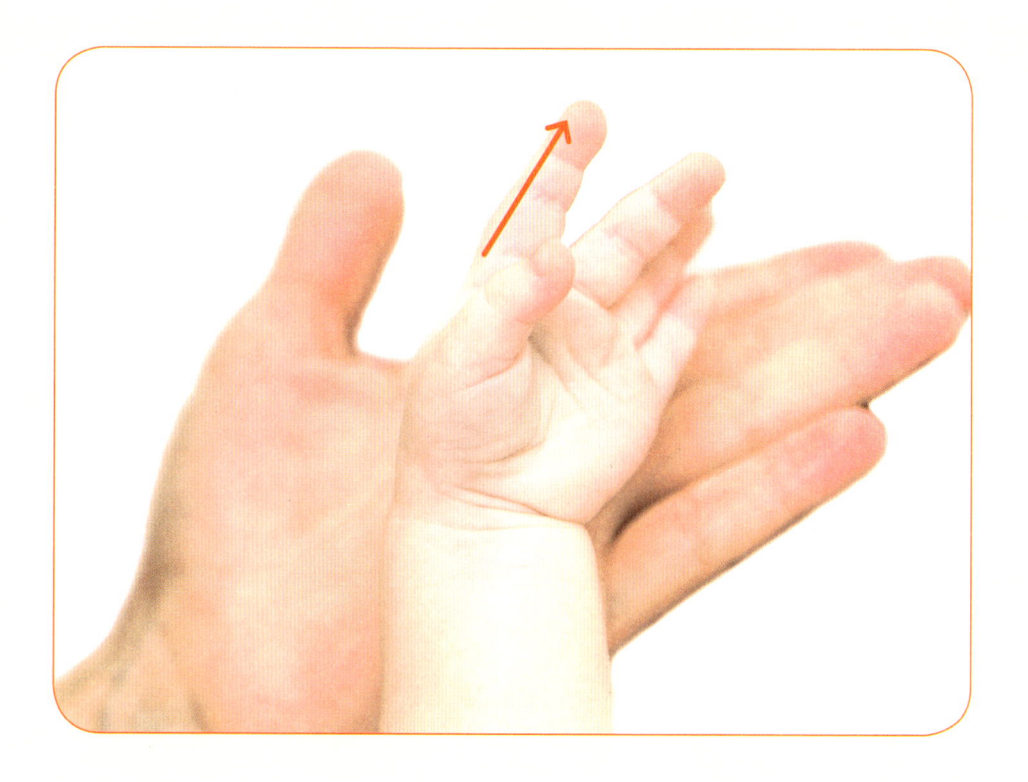

位置：大肠经位于食指桡侧缘，指尖到指根呈一条直线，赤白肉际处，向指尖方向直推为清。

功效：补大肠能温中止泻、涩肠固脱；主治虚寒腹泻、痢疾、脱肛等。清大肠能清热、利湿、导滞，退肝胆之火；主治湿热滞留肠道、身热腹痛、赤白痢疾、大便秘结等。

次数：200次（具体次数和力度以孩子能承受的情况为准）。

推天河水

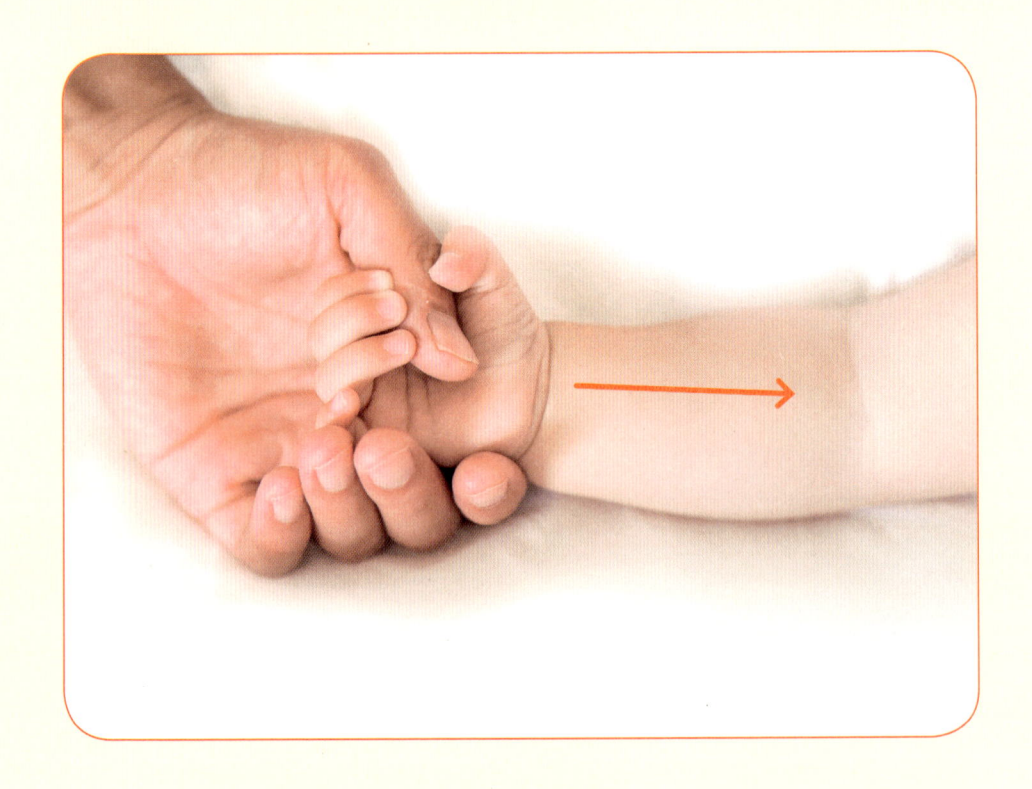

位置：天河水位于前臂正中总筋至洪池（曲泽）成一直线。用一只手握住孩子的手腕，使其掌心向上，然后用中指、食指指腹自孩子腕横纹推向肘横纹，注意推的方向一定是从腕到肘，不要操作反了。

功效：推天河水，可用于一切热证。比如，感冒发烧、烦躁、夜睡不宁、脸红、舌头口唇红、口干口渴、鼻涕黄、痰黄、小便黄、大便臭等。

次数：100~300次（具体次数和力度以孩子能承受的情况为准）。

家长不改正自己的焦虑，孩子的病还会再犯

前面，我介绍了很多调理的方法。但是对于独生子女家庭的小朋友，在感冒痊愈之后，家长最需要的是帮助他调理情绪。最好能全家坐在一起商量该如何做出调整，这样孩子的身体才会越来越健康。

此外，家长还可以适当服用一些疏肝理气的药物，或用药物来泡脚缓解自己的焦虑。

但最重要的，还是要正确认识孩子的养育问题，不然孩子的身体一出现问题，您还是会崩溃。

独生子女的成长环境中还有一个问题，就是他们跟同龄人的接触太少了。

因此，家长不能总是把孩子放在一个独立的环境里，要让孩子到集体环境中去锻炼。

在集体环境中，孩子之间互相碰一下没关系，有玩具大家一起玩，有好吃的大家一起分享，这样反而有利于缓解独生子女的焦虑，让孩子减少对自身的关注。

我为什么会一直给大家讲中医育儿知识呢？

就是想让各位家长了解孩子在生长发育过程中会遇到问题，让您有一个心理准备，掌握一些简单的处理方法。

这样当您的孩子出现问题的时候，您就不至于那么紧张了，也不会觉得天都要塌下来了，更不会反复地想"孩子的病会不会越来越重，一辈子都治不好了"。

您学了中医知识以后，能够正确看待孩子的身体问题，知道孩子的病是怎么得的，以后不犯同样的错误了，可能孩子的身体自己就恢复好了。

如果家长不学中医知识，当孩子出现高烧惊厥，两眼往上翻，浑身抽搐，真能把有的家长吓死。只要您稍微了解一些医学知识，知道这是因为孩子神经系统还没有发育完全，高热状态会对孩子的神经系统造成影响，这时只要把孩子的体温降下来，再稍微给孩子服用一点儿镇惊息风的药，惊厥状态就会消失的，您就不至于那么焦虑、恐慌，更不会像有的家长那样开车把医院的玻璃大门撞碎了。

我认为，独生子女的家长如果能够把我提到的这几个问题都调整过来，就能在很大程度上缓解孩子的压力。

孩子压力小了，肝气不舒的症状也会慢慢消除的，这样孩子的身体就能够正常生长了。

总结下来，家长的育儿焦虑，主要来自三个方面。

第一，家长的性格特点。

第二，独生子女的特殊成长环境。

第三，家长不能正确地判断孩子生长发育过程中遇到的问题。

这些育儿焦虑引发的孩子的健康问题，在调理的时候，我建议不仅要帮孩子调理，您自己也要调理。**家长调理好了，孩子的病才能真正好起来。**

在这里我特别感谢我的妹妹罗玲，她曾在澳大利亚做过教育工作，回国以后，看到国内关于育儿的理论太少，有心理学研究数据支持的育儿书籍更少，于是她就查阅了大量国外心理学的研究成果和育儿理论，并结合国内的育儿情况写了很多文章，还出版了一本书叫《妈妈强大了，孩子才优秀》，我的很多观点都受到了她的影响。

同时，我建议焦虑的家长可以吃一些中成药逍遥丸来调理。

古人说此方：

"治肝家血虚火旺，头痛目眩烦赤，口苦倦怠烦渴，抑郁不乐，两胁作痛，寒热，小腹重坠，妇人经水不调，脉弦大而虚。"

这个方子里，柴胡是疏肝理气的，白芍敛阴柔肝，可和当归一起来补肝体而助肝，血和则肝和，血充则肝柔。薄荷起到升散的作用，可以透达肝经郁热。生姜则用于辛发，也可以发散郁结。

服用中药来调理身体的朋友，我一般推荐将方中的柴胡、白芍、当归、白术、茯苓、炙甘草研成粉末，用生姜和薄荷一起煮水，然后去掉药渣，喝药汁。

6 孩子鼻炎经常犯怎么办？

孩子的鼻炎大致可以分为两种，一种是过敏性鼻炎，一种是鼻窦炎。患过敏性鼻炎的原因多是孩子脾胃虚弱所致，而患鼻窦炎是感冒过后外邪有残留所致。不同情况的调理方法不同，对症调理才能好得快。

孩子的过敏性鼻炎与积食和不良情绪有很大关系

很多家长经常会问我，孩子的鼻炎是怎么回事？

孩子的鼻炎大致可以分为两种，一种是过敏性鼻炎，还有一种是鼻窦炎。

孩子一碰到什么刺激，就会打喷嚏、流鼻涕，流的多数是清鼻涕，经常会感觉鼻子堵，里边不通气。——这种鼻炎往往在受寒的情况下会严重一些，基本是正气不足所致。这样的孩子，看着表面好像是肺和鼻腔的问题，实际是脾胃出现了问题。

通常，大部分孩子脾胃虚弱是因为好东西吃多了，脾胃消化不了就堵了，形成了积食。时间长了，就导致了脾胃功能下降，也就是我们常说的脾虚。

还有一部分孩子脾胃虚弱是因为不良情绪所致，人的情绪问题往往会引起脾胃系统的紊乱。一旦孩子肝气不舒，就会导致脾胃运行不畅，结果就有可能出现积食——并非是因为孩子有积食在先，才会使他的脾胃失和。

当孩子脾胃虚弱了，正气则会不足，肺气就开始弱。脾胃属土，肺属金，**古人认为土生金，也就是说，脾胃功能强盛，才能让肺功能强盛；脾胃虚弱，无法给肺输送营养，肺功能就会弱下来。**

我们要理解这个关系，肺主一身之表。按中医来讲，肺不只是一个呼吸器官，肺还是负责我们身体表面防卫的一个器官。我们现在发现，经络是通行于全身的，里边运送着组织液等有关的物质，运送到身体各部位的防御系统。

那么是谁在推动组织液在经络里面走呢？

根据研究发现，肺不仅仅是呼吸系统，它跟身体的防御是有关的。它的一呼一吸直接影响了全身气机的通畅。一旦人体的肺气不足，外邪从哪进？

鼻窍离外边最近，接触的外界事物最频繁，此时一旦受寒，外邪就会从这里往身体里进。

肺气足就可以用正气帮助身体把外邪往外顶，排出外邪。而肺气不足的人，就会出现有的时候能排出去外邪，有的时候排不出去——这个时候，很多人就会出现打喷嚏、流鼻涕等症状。这都是身体反抗外邪，要把潜藏进鼻腔里的外邪排出去时的一些表现。

孩子患过敏性鼻炎，吃南瓜饼，服用桔梗元参汤

很多症状都是身体的一些反应，如过敏性反应，其实严格来说可能就是身体正常的反应，未必是过敏。比如，天气凉了，外邪本来在鼻腔潜藏，想往里走了，这时候身体发现它，要往外排出它。但是又无力一下把它全部排出，所以身体不断努力，就会出现打喷嚏的情况。如果肺气足，可能打俩喷嚏就能把外邪排出去，您就没事了。

▼ 桔梗元参汤治疗孩子鼻炎的效果非常好，您可以给孩子试试

桔梗元参汤

桔梗元参汤

配料标签：桔梗、元参、杏仁、橘皮、法半夏、茯苓、甘草、生姜

- 配方：桔梗3克、元参（即玄参）3克、杏仁3克、橘皮3克、法半夏2克、茯苓3克、甘草2克、生姜3克。
- 用法：熬水，大约放5碗水，熬至2碗的量，早晚各服用1碗即可。
- 叮嘱：1. 此方专门用于调理鼻炎中鼻涕清的症状。若鼻涕的颜色为黄色，则不可服用。

    2. 此方为三岁以上孩子的用量，七岁以上的孩子用双倍分量。

山药　　　　　　　　　　　　芡实

莲子　　　　　　　　　　　　薏仁

但很多人会把这种情况称为过敏性鼻炎。那么，这种鼻炎一般怎么治呢？我给大家讲过清朝黄元御的桔梗元参汤，这个方子大人可以用，孩子也可以用。只是孩子可以根据年龄的大小，将药材的用量用到成人用量的三分之一或一半。

这个方子治疗成人过敏性鼻炎的效果非常好，很多人用这个方子，几服必效。很多孩子使用起来效果也不错。

但这毕竟是个方子，平时我们要怎么给孩子保养呢？

家长可以多用食疗的方法，帮助孩子增强脾胃功能，补足肺气。在饮食上多下功夫，您可以多给孩子吃一些怀山药、莲子、芡实、薏仁等食物，或多吃一些五谷杂粮，这对孩子的脾胃都非常有好处。

一旦孩子的脾气足了，肺气就足了。肺气坚固以后，很多问题身体自己会慢慢解决的。

因为孩子的阳气特别旺，身体会慢慢把外邪清除掉。如果家长此时给孩子吃一些补脾的食疗方，给他搭配按摩效果会更好。尤其是平时一定要让孩子多锻炼身体，经常跑跑跳跳，多晒晒太阳，对他的身体也是有好处的。

家长还可以给孩子做南瓜饼吃，对他的脾胃也非常有好处。

▼ 这道南瓜饼，色泽金黄，味道香甜，孩子可以当零食吃

南瓜饼

南瓜饼

扫二维码，
即可观看制作视频

大米粉

南瓜

山药粉

白芝麻

原料：南瓜200克、大米粉100克、山药粉两勺、糖适量、白芝麻适量。

做法：1. 南瓜去皮切片，放入蒸锅蒸熟。

2. 蒸好后，把南瓜压成泥。

3. 把南瓜泥、大米粉、山药粉、糖混合在一起，揉成面团。

4. 把面团分成小份，按压成小饼，均匀裹上芝麻。

5. 平底锅放入适量的油，油热放入南瓜饼，煎至两面金黄即可。

孩子感冒后流鼻涕、鼻子堵、打喷嚏，马上喝紫苏叶陈皮水

除了上面的情况，还有些孩子感冒过后也会出现流鼻涕、鼻子堵、打喷嚏等症状，这个情况严格来说，跟前面的过敏性鼻炎是有点儿区别的。

▼ 孩子喝了紫苏叶陈皮水，可以把体内剩余的寒气顶出去

紫苏叶陈皮水

紫苏叶陈皮水

紫苏叶

陈皮

- **配方**：紫苏叶 3 克、陈皮 3 克。
- **用法**：泡水喝即可。

这种情况也是外邪没有完全清除，这个时候您可以给孩子用点儿紫苏叶、陈皮泡水喝一喝，帮助孩子把邪气顶出去。

这个水可以帮孩子一边温阳，一边解表散寒，只要把剩余的寒气顶出去就可以了。

然后，您可以再给孩子用一些补脾的药或补脾的食疗方。

那么，这种情况和我前面讲的过敏性鼻炎有什么不同呢？

过敏性鼻炎的情况是孩子没有外感，但是一到秋天、春天，或一到温度变化的时候，他们就打喷嚏、流鼻涕，跟感冒没有一点儿关系。而感冒过后几天或一两周会鼻子堵、流清鼻涕等，这是外邪没有清出去引起的。

后面这种情况您给孩子用紫苏叶、陈皮泡水，帮他温阳，让身体暖过来，把外邪清除出去，鼻涕没有了，鼻子不堵了，就好了。

需要注意的是，很多家长在遇到后面这种外感引起的流鼻涕等症状时，也想给孩子喝桔梗元参汤，我建议您此时不要使用此方。

虽然很多人给孩子用了桔梗元参汤也有效果，但这不是正治。这时候您应该帮助孩子解表散寒、通窍，把外邪从口鼻顶出去才行。

这两者是有一点点差别的：

第一种情况是没有外感，但一到温度变化时就会出现打喷嚏、流鼻涕，此时您可以给孩子喝桔梗元参汤。

第二种情况是由外感余邪并未清除干净导致的流鼻涕、鼻子堵，此时家长给孩子喝紫苏叶陈皮水温阳就可以了。

各位家长一定要给孩子辨证后合理用药。

孩子得了鼻窦炎，可以用漱口或滴鼻法外治

除了过敏性鼻炎，还有一种鼻炎叫鼻窦炎，是感冒过后留在口鼻之处的外邪继续为非作歹，但此时的外邪不是寒邪，而是热邪。

鼻窦发炎，流的鼻涕是黄色的，有时候还会引起耳朵、咽喉部位的炎症。这种鼻窦炎打喷嚏的情况少，但其影响和危害比较大，因为此时体内有炎症，会化脓，形成脓腔。有了脓腔，会让孩子头晕、呼吸堵塞，有时候还会出现头疼或鼻子的分泌物向后流的情况。

这些情况会引起孩子大脑供氧不足，甚至会引起思维迟滞，想问题总是感觉脑子昏昏沉沉的。因此，相较鼻炎，鼻窦炎的影响会大一些，治疗起来也费劲一些。

家长在给孩子调理的时候，一定要分清楚他的鼻涕是清的还是黄的，是过敏性鼻炎还是鼻窦炎。

▲ 家长可以给宝宝使用滴鼻法来祛除外邪

一旦您确认孩子患的是鼻窦炎，就要使用清热解毒的方法，帮孩子把热邪给祛掉。

您可以给孩子使用外治法——漱口或滴鼻法来祛除热邪。

滴鼻法

- 🌱 **配方**：辛夷 3 克、白芷 3 克、荆芥 3 克、金银花 3 克、连翘 6 克、桔梗 3 克、甘草 3 克。
- 🍲 **做法**：熬水，放入 1 杯水，先将药物浸泡 20 分钟，然后大火，开锅后转小火熬 5 分钟即可。
- 🥣 **用法**：漱口或者滴鼻子都可以。
- 🔔 **叮嘱**：1. 这是 5 岁以下孩子的量，5 岁以上的孩子，量增加 1 倍。

  2. 漱口后的药水要让孩子吐掉，不要吞下。

  3. 有的孩子小，不会漱口，家长可以给他滴鼻子。让孩子平躺，将 2 滴药水滴进孩子的鼻子，然后让孩子转一转头，让药水浸润到鼻腔各处，一天可以滴五六次。

  4. 辛夷、白芷都是散寒、通窍的，金银花、连翘是解毒的，荆芥是往外散邪的。这个方子能够帮助孩子在每次感冒过后，把最后残余的邪气彻底清除。

孩子得了鼻窦炎流黄鼻涕，可以喝五味石膏汤

得了鼻窦炎，家长一定要注意。孩子一旦出现黄鼻涕，鼻子总是堵，头晕，甚至呼吸困难，觉得憋得慌，一定要及早治疗。

如果时间长了不治疗，会影响孩子的智力和记忆力，或导致孩子上课注意力不集中、总是困倦等。但最严重的是，有的孩子会形成脓腔，堵在里面，治疗起来会十分困难。

家长一定要及早发现，及早帮孩子处理。

需要注意的是，在调理的过程中保护好脾胃，培补脾胃的正气才是关键。

脾胃为"后天之本"，人在出生后，身体需要的气血津液的化生和补充都是依赖脾胃对饮食水谷精微的吸收和运化，然后将这些精微物质输送到全身各个脏腑，来支持我们的生命活动。

《素问》中记载："脾为孤藏，中央土以灌四傍。"所以脾胃的状态，决定和影响着我们身体各个脏腑的状态和抵御外邪的能力。

如果孩子可以接受中药，家长可以给孩子喝五味石膏汤。

这是黄元御的方子，汤药里的生石膏对解除热证特别有好处。

五味石膏汤

五味子　生石膏　杏仁　法半夏

元参　茯苓　桔梗　生姜

- 🌿 **配方**：五味子 2 克、生石膏 3 克、杏仁 3 克、法半夏 3 克、元参 3 克、茯苓 3 克、桔梗 3 克、生姜 3 克。
- 🍵 **用法**：熬水，大约放 5 碗水，熬至 2 碗的量，早晚各服用 1 碗即可。
- 🔔 **叮嘱**：1. 孕妇忌服。

    2. 一般服用 3 服就会见效。如果没有任何效果，就不要服用了，说明没有对症。

    3. 可以请附近的医生帮助判断，是否可以使用此方。

    4. 此方为三岁以上孩子的用量，七岁以上的孩子用双倍分量。

五味石膏汤

7 孩子长湿疹怎么办？

"四弯风"，俗称湿疹，多见于孩子。大多在肢体弯曲的地方，比如，手腕、肘部、脚踝、膝部、臀部等，典型的是在两个上肢和两个下肢的弯曲处发病。

您的孩子为什么会得湿疹?

一次,我的一位关系非常好的大哥的朋友找到我后,告诉了我孩子的病情:

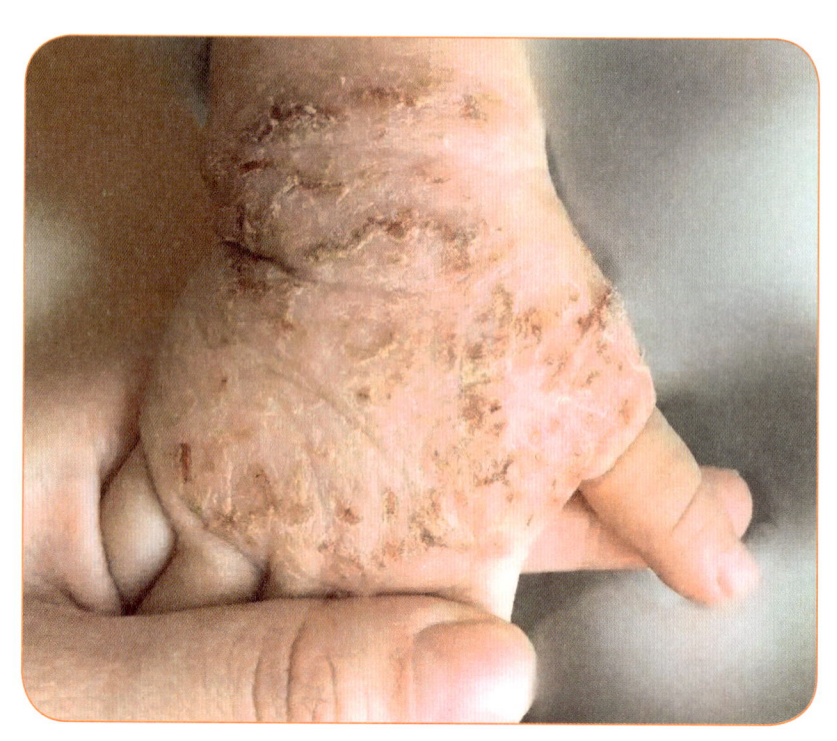

▲ 这是大哥朋友家 2 岁孩子患湿疹后拍的图片

"2岁2个月，正在停用母乳，已经患病好久了，每天晚上抓挠得厉害，夜里12点到凌晨3点挠得最厉害，必定会挠出血或出水，吃了北京某医院的清热解毒的中药，结果睡觉更加不好，翻来滚去。孩子脾气大，容易急躁，下眼袋大，发青。2016年年初喝了另一个北京中医院的中药，之后开始有蛀牙，现在门牙已经断了，口水特别多……"

其实家长叙述的病情很多，我只是节录了一些。

从叙述可以看出，孩子夜里12点到凌晨3点挠得厉害，这个时候是肝胆经当令，说明问题多出现在肝经。同时孩子脾气急躁，说明这是由肝气不舒导致的。

中医认为，肺主皮毛，而肝气不舒，肝火炽盛，会导致木火刑金，也就是肝火把肺金给熔化了。**用现在的语言体系来说，就是孩子脾气不好，会引起呼吸系统的改变。而中医的肺主皮毛理论，让我们知道孩子的皮肤问题也是由肝气不舒引起的。**

其实，这个孩子患的疾病，就是我们常说的"四弯风"，俗称湿疹。

这种"四弯风"多见于孩子。那么，为何叫"四弯风"呢？

原因是患者皮损的位置，大多在肢体弯曲的地方，比如，手腕、肘部、脚踝、膝部、臀部等，典型的是在两个上肢和两个下肢的弯曲处。

为何此病单单在关节处发病呢？

中医认为，肝主筋。而身体的筋多出现在骨与骨连接的部分，所以孩子的肝出现问题，有些会在这里反映出来。

一般认为是血热生风，有湿热之毒蓄积于身体，就导致皮肤出现湿疹。所以，多数的传统治疗方法是凉血解毒、疏风散邪。

对于传统的治疗方法，我不予评价。或许有的有效，有的效果不佳。我倒是观察到，找到我的这些家长，他们孩子的身体问题像是另有玄机。

最早的时候，我观察到这些孩子的舌形多数是尖尖的，就是我描述的肝气不舒的舌形，这让我把情绪不佳和他们的皮肤问题联系了起来，开始寻找他们情绪方面的问题。

结果我发现，肝气不舒的指征，在孩子中广泛地存在。

那么，如果这些孩子的皮肤问题是由情绪不好（肝气不舒）所致，家长要如何调理呢？

一开始，我看到前面这个 2 岁孩子的情况后，就用微信语音对家长讲了情绪问题对孩子身体的影响。我觉得孩子的正气不足，所以首先要扶助正气，于是就用了三个方面的思路来帮他调理——**消食导滞、滋养肝阴、补益脾胃。**

这是做先头工作，中医称这种思路为"开路方"。

此方给孩子服用后，家长的反馈是：

"手腕、脚踝浮肿减轻,挠痒减少,结痂面积缩小,晚上睡觉时比以前挠得轻点儿了,口水减少。"

接着,孩子感冒了一次,我觉得这是正气充足,身体开始有所反应,要排出邪气的表现。所以,我让家长正常给孩子治疗感冒,用小儿柴桂退热口服液帮他排邪外出即可。

在孩子感冒痊愈后,我给他开了疏肝理气的方子,用来泡脚。如果大一些的孩子,能接受喝中药,也可以直接给孩子喝。

调理湿疹方法一：
给孩子服用调和脾胃的开路方

调和脾胃的开路方

调和脾胃的开路方

焦三仙　　山萸肉　　炒薏米
　　　　　炒莱菔子
炙甘草　　桂枝　　白芍　　生麦芽
怀山药　　炒鸡内金　　茯苓　　白术

- **配方**：生麦芽6克、焦三仙6克、炒鸡内金6克、炒莱菔子3克、白芍6克、山萸肉6克、桂枝3克、白术6克、茯苓6克、怀山药6克、炒薏米6克、炙甘草6克。
- **做法**：熬水，倒入5杯水，大火开锅后熬成3杯水即可。
- **叮嘱**：1. 方子里除了白芍，几乎都是食品级的，可以泡脚，也可以熬水代茶饮，根据孩子的接受程度饮用即可。
  2. 给孩子泡脚的水是温热的就可以，时间不用太长。

调理湿疹方法二：给孩子用疏肝理气的方子泡脚

疏肝理气的泡脚方

疏肝理气的泡脚方

连翘　枳壳　黄芩　茯苓　怀山药

法半夏　炒鸡内金　白术　陈皮　党参

白芍

焦三仙　炙甘草　炒薏米　柴胡　竹茹

🌱 **配方**：柴胡6克、黄芩6克、党参6克、焦三仙6克、炒鸡内金6克、陈皮6克、法半夏3克、竹茹3克、枳壳3克、白芍6克、白术6克、茯苓9克、怀山药6克、炒薏米6克、连翘6克、炙甘草6克。

☕ **用法**：将上述药材一起煮水，大火开锅后，待水温适宜，给孩子泡脚即可。

本来我开这个方子的时候说，也可以给孩子喝一点儿。但是孩子不想喝，所以就都用来泡脚了。

调理湿疹方法三：给孩子喝三豆乌梅白糖汤，患处外涂黑豆馏油

孩子得了湿疹，也可以用黑豆馏油外涂在患处。黑豆馏油在网上可以买到。

同时，您可以让孩子喝三豆乌梅白糖汤。

▼ 三豆乌梅白糖汤口感酸甜，孩子可以当饮料喝

三豆乌梅白糖汤

三豆乌梅白糖汤

绿豆　黄豆　白糖　乌梅　黑豆

- 配方：黑豆、绿豆、黄豆各1把，3~5颗乌梅（可以在药店里买），2勺白糖。
- 做法：将豆子洗净（黄豆要提前泡一晚），和乌梅一起放进水里，加入2勺白糖，大火开锅，然后小火熬2小时以上。当豆子熬成沙状后，就可以给孩子当饮料喝了，口感酸甜，很好喝。
- 用法：每日2次，早晚温热服用。

孩子得湿疹的反思：两岁的孩子也会受到家长焦虑情绪的影响

我观察到，如果父母两人都是紧张型的性格，工作压力巨大，或者家里环境复杂，自己本身就肝气不舒，导致家里孩子身体出现问题的概率就大一些。

像前面那个两岁的孩子，这么小，哪里有那么复杂的外来患病因素呢？推理都可以知道大部分患病原因是来自父母的，其中更多的是父母长期情绪不佳所致。这里面有遗传和母乳喂养两方面的因素，此外还有一种我们看不到的"气场"因素也是不容小觑的。

后来孩子的父亲问我，他自己的皮肤问题怎么办？

我一看照片，他也是典型的情绪不佳（肝气不舒）引起的皮肤问题。我一问才发现，他的压力很大，也需要调整。

这是多么典型的例子。其实，如果父亲能同时和孩子一起服药调理，效果会更好。于是，我也给他介绍了疏肝理气的方子。

对于这种情况，我一般会让患者全家开会，问他们是否希望孩子的病彻底改善，如果有决心，则必须达成共识，大家都改变心态，放下包袱，不再每日紧锁眉头，才能积极阳光，更好地给孩子提供恢复身心健康的环境。

经过一个多月的调理，这个孩子的身体日日向好。家长反映孩子的睡眠状态好了很多，不再哭闹。现在皮肤和以前相比，已经改善了很多。和以前的照片相比，基本可以看到皮肤原来的状态了。

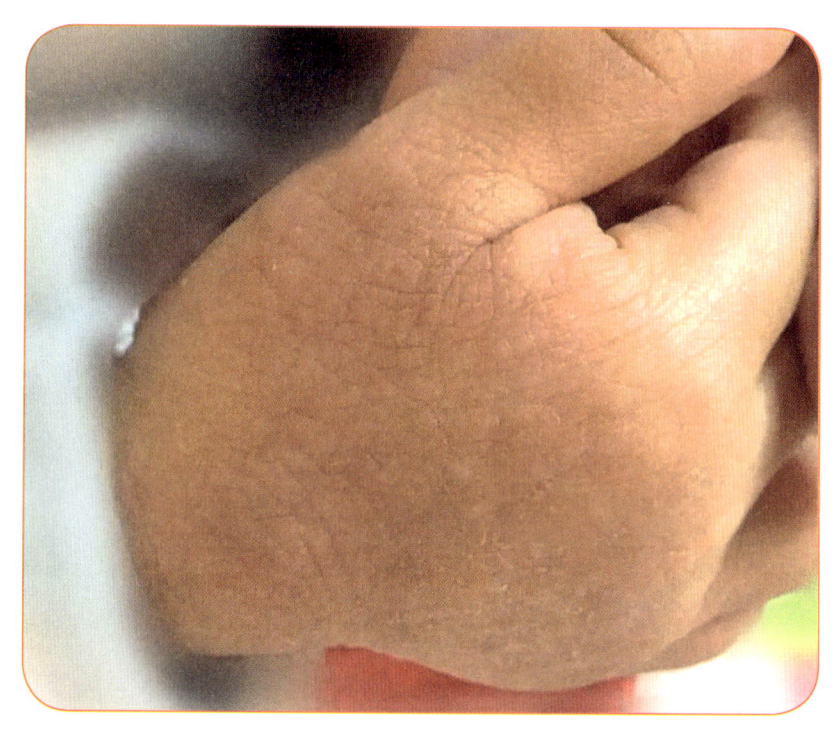

▲ 调理一个多月，孩子不再哭闹，皮肤逐渐恢复

但是，在发来最后这张照片后，孩子的父亲突然问我："罗老师，孩子手上的粗糙皮肤要多久才能恢复到正常状态？"

当时我心里"咯噔"了一下，为什么呢？因为这说明这位父亲的焦虑依旧存在。

其实，看到了向好的变化，说明调理的方向对了。此时，我们要相信孩子的身体，相信大自然的力量。

调心之路是很漫长的，如果我们能够意识到这个问题，淡化对疾病的焦虑，对疾病的恢复、对孩子的成长则非常有好处。

需要注意的是，我只是给大家提供一个调理思路。具体应用时，您可以请附近的中医帮助开方子调理，毕竟这不是养生的问题，而是具体的疾病，每个人的情况不同，方子需要有所加减。

8 孩子受惊吓后，家长要马上帮他调理

孩子的神经系统发育得不像成人那么健全，这是生理特点决定的。在这个过程中稍微有点儿刺激，对成人来说没事，但对孩子就会造成影响。中医认为"恐伤肾"，孩子突然受到惊吓会伤及肾气。

孩子受惊吓，特别是受家庭暴力的惊吓，带来的后果非常严重

我经常看到这样的病例，孩子的病看了很多医生，吃了很多药也治不好。这些家长后来找到我，我了解到了孩子家里的情况后，才终于找到病因。

很多时候，给孩子看病，单看孩子是不够的，要看他家人的情况，比如，家人之间的关系、沟通方式等。

抓住这些细节后，再问一下孩子发病之前家里有没有发生过什么事……

仔细询问后，会发现有些夫妻的关系不是很好，经常吵架，甚至争吵过程中会出现暴力行为。

由于孩子的年龄还小，如果家里出现争吵或暴力行为，会让孩子受到很大的惊吓而因此生病。但很多家长不知道其中的原委，所以孩子生病之后，他们找不到病因。

通常，孩子受惊吓分为三种情况。

第一种： 孩子看到了特别恐怖的场景，比如，杀动物的场景……

第二种： 外边突然出现了某种巨响，比如，鞭炮声或者爆炸声，孩子没有心理准备，听到后会受到惊吓。

第三种： 家庭暴力给孩子带来的惊吓。

一般前两种惊吓对孩子的影响是比较轻的，第三种给孩子带来的惊吓是非常严重的。

为什么家庭暴力对孩子的影响如此之大呢？

孩子需要在充满关爱与温暖的环境中成长。即使是动物，它们在养育幼崽时也会尽量给予关爱和保护。**所以，需要被关爱和感受到温暖是孩子成长的常态，而在暴力与冲突的环境下长大则是非常态。**

一旦孩子长期在非常态环境下成长，会给他带来什么影响：

第一，突然出现的暴力、冲突事件会让孩子受到惊吓，他们将无法适应这种情况。

第二，孩子特别敏感。大家千万不要以为孩子什么都不懂，很小的孩子即使听不懂您说的话，也能从您的表情中感受到您的情绪。有研究表明，婴幼儿对表情、音调都非常敏感。如果家里发生了暴力冲突，孩子的感受就会更强烈。

第三，孩子太小的时候还没有形成完整的人生观，他还不知道怎么判断周围发生的事情，没有太多自己的看法。大一点儿的孩子看见父母吵架、打架，他会在旁边观察，想为什么父母吵架、打架，还会劝父母别打了，因为这个时候他对事情已经有自己的看法了。但对于年龄太小的孩子来说情况就不同了，他完全理解不了两个爱他的人怎么会变得这么反常——突然就吵起来或打起来了。这会在他的心里造成特别大的影响，这种心理变化会马上反映到身体上，从而生出很多怪病。

我见过这样的孩子，爸爸妈妈经常吵架、打架，刚刚两岁的孩子看见父母打起来了，把桌子都掀翻了，饭汤洒了自己一身，被吓到了。结果从那以后，但凡受点儿惊吓这个孩子就会发烧。

因此，您千万别小看家里的暴力或冷暴力对孩子造成的影响。孩子是因为父母恩爱才来到这个世界的，他是爱的结合体，如果他的父母反目成仇了，他会觉得自己失去了存在的价值。

很多家长认为，孩子受到惊吓不是什么大问题，他们觉得孩子没那么脆弱。但实际上，生活中孩子受惊吓导致身心失常的情况有很多，为什么呢？

因为孩子的神经系统发育得还不像成人那么健全，这是孩子的生理特点决定的，在成长的过程中稍微有点儿刺激，对成人来说没事，但对孩子就会造成影响。

对于这些受到惊吓就出现问题的孩子，家长要趁着孩子的问题不是很严重时，及时帮他调整，不要等病情很重时再带他去看病，否则您和孩子都会感到绝望的。

最重要的是，家长一定要知道医生虽然可以通过帮孩子补正气、安神镇惊来缓解病情，但是孩子的病根在父母那里。只有父母之间的关系恢复正常了，家庭气氛变好了，孩子的病才有可能被治愈。

我发现，很多人不知道家长的关系不好会导致孩子生病，甚至有的医生认为，孩子发烧，给他打抗生素退烧就可以了，怎么会跟父母争吵导致孩子受到惊吓有关呢？

有可能出现连续给孩子输液，但孩子的病情却时好时坏的情况，这就相当于治标不治本。很多时候一旦父母的关系缓解了，孩子的病会不治而愈。

现在，您知道亲人之间气场不和，经常发生激烈冲突，给孩子造成的影响有多大——我甚至认为这比孩子看到恐怖的场景、突然听到巨响受到的影响还要大。

因为孩子看到恐怖的场景、听到巨响所引起的身体问题，调理一两次就好了。但家人之间发生激烈冲突，这种暴力情景在孩子身上引发的病变，有时会伴随他一生，即使能调理好，也需要很长时间。

当然，夫妻之间不可能一点儿矛盾都没有，如果真的有矛盾，出现冲突了，要尽量避开孩子，这才是负责任的做法。如果家庭成员能做到没有冲突，不使用暴力解决问题，这样最好了。

因此，您千万不要认为夫妻俩的事怎么处理是您的自由，您想结婚就结婚，想离婚就离婚，今天打架，明天冷暴力，都跟孩子没关系。不是这样的，您这么做就会害了孩子！

只有您意识到夫妻之间的冲突对孩子的影响有多大，才能尽量避免孩子因此生病。

这个问题可能之前关注的人不是很多，希望您看完我分享的内容后，对这个问题能有一个正确的认识，以便更好地照顾孩子。

通常，受到惊吓的孩子鼻梁会呈现青色，并向下蔓延到嘴，因为脾开窍于口，脾胃对应的是嘴。

家长一旦发现孩子的鼻梁呈现青色，就要引起注意，判断孩子是否已经受到了惊吓。

▲ 受到惊吓的孩子鼻梁会呈现青色

尽量避免带孩子去可能出现惊恐场景的地方

家长在平时尽量别带孩子去看恐怖电影。在带孩子去看电影之前，您要先了解一下影片中有没有比较恐怖的画面或情节。有些家长去看恐怖电影时也会带着孩子，结果孩子吓得放声大哭。同时，人特别多、非常嘈杂、容易出现混乱的那些地方，家长也尽量别带孩子去。

很多家长都意识不到，一声巨响或一个恐怖的场景，被孩子听到或看到后，对他造成的影响会有多大。 这个时候家长要提高敏感度，意识到孩子可能会因此出现问题，应该马上对孩子进行心理干预。

我和妹妹小时候一旦被吓到了，老人就马上抚慰我们，这是非常好的做法。所以，孩子受到惊吓的时候，大人应该马上抱着孩子，进行抚慰，告诉他："没事，爸爸、妈妈就在你身边，不要害怕……"

这种心理干预能让孩子放下恐惧。如果不及时抚慰，等稍晚一点儿孩子出现反应，比如，开始发烧了，这时候再进行干预可能就迟了一些。

孩子受惊吓后，可以吃补正气的食物和龙牡壮骨颗粒

并不是每一个孩子看到某些场景都会受到惊吓——正气比较弱的孩子容易受到惊吓。

中医认为"恐伤肾"，孩子突然受到惊吓会伤及肾气，而肾气比较弱的孩子也更容易被惊恐的情绪伤到。

我所观察到的容易受到惊吓的孩子，往往本身正气就有点儿不足。

如果孩子正气不足，体内气血运行就会变慢，外界稍微有点儿刺激，孩子就容易受影响，进而引发身体各个功能的紊乱，如出现发烧、哭闹、梦中惊醒等症状。

在这种情况下，家长要给孩子补正气。

比如，让孩子吃点儿山药、莲子肉、薏苡仁、芡实、黄豆等补脾、扶正气的食物。

山药

黄豆

　　如果孩子受惊吓的症状比较严重，可以给他吃点儿龙牡壮骨颗粒。

　　这个药里除了龙骨和煅牡蛎外，还加入了一些扶正气的药物。

　　从这个药的组成来看，主要是为了给孩子补钙，但它有镇惊安神、扶助正气的功效，所以也比较适合给正气不足容易受惊吓的孩子服用。

　　这个药您给孩子服三五天或一周，都没有问题。

孩子受惊吓后，要揉小天心穴

一旦孩子受到了惊吓，除了心理干预和食疗的调理，您还可以适当给孩子按摩。

很多孩子受到惊吓后，会翻来覆去地睡不着；还有的孩子是睡梦中突然惊醒，再入睡就比较困难了。

小儿容易因外感、食积、惊吓等因素而致病，病因单纯但转变迅速。此时，家长可以给孩子掐揉小天心穴。

关于小天心穴，清代《幼科推拿秘书》记载："因额上有大天心，故此阴阳中间名小天心，临坎水。小水赤黄，揉此穴以清肾水之火。眼翻上下，掐之甚妙。"小天心穴在掌根处，被按摩经称之为"诸经之祖"。

揉小天心穴可清热镇惊、利尿、明目；掐捣小天心穴可安神镇惊。

小天心穴的位置离手厥阴心包经的原穴大陵只有0.5寸（大约15毫米），正好在心包经的循行线上，心包有代心受邪的作用。因此，**揉小天心穴能够调节心包经的气血运行，可以清心热、镇惊安神、利小便。**

在孩子入睡困难时，您可以先用拇指掐小天心穴10次，然后再用中指指腹在小天心穴上揉100次。反复做30分钟以上，会起到安神镇惊、促进睡眠的作用（具体力度和时间以孩子舒适为宜）。

揉小天心穴

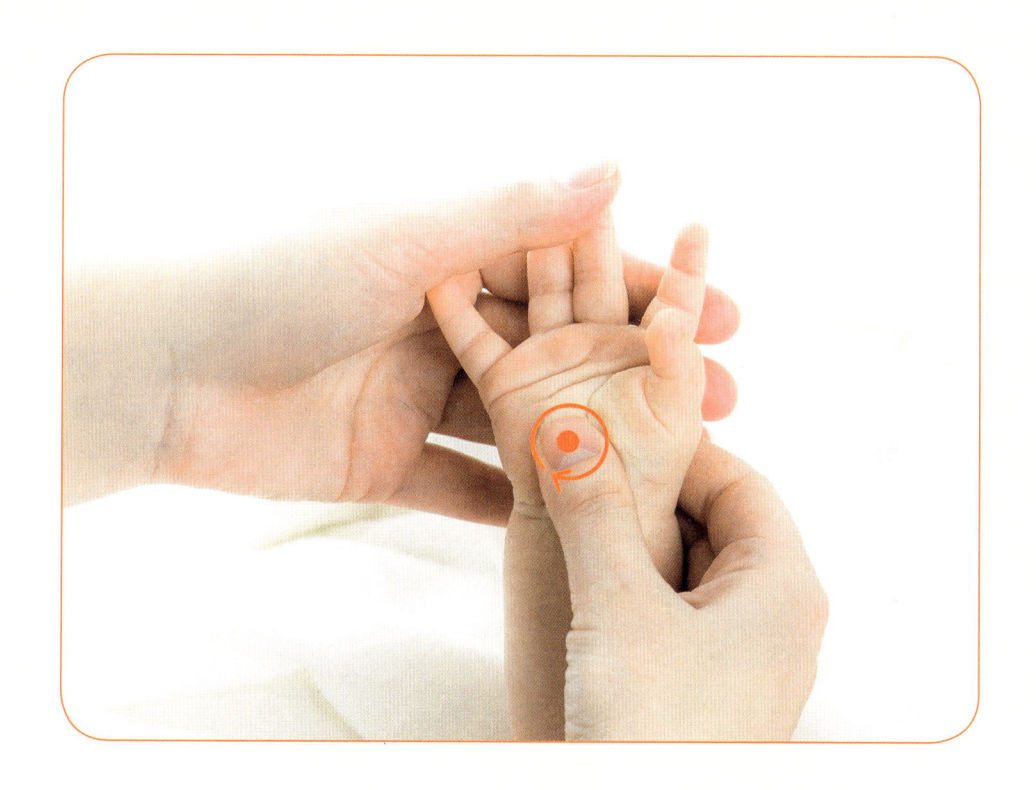

位置：位于手掌跟部，大鱼际与小鱼际相接处（手掌外侧肌肉隆起与内侧肌肉隆起相交接的部位）。

操作方法：

①可用拇指端揉小天心穴。

②揉100~300次（具体次数以孩子舒适为宜）。

9 孩子患哮喘，有的竟是家庭气场不好引起的

中医所说的哮喘，通常是有"夙根"的。有的孩子的哮喘是受风寒引起的，有的是吃鱼虾盐卤等引起的，有的是情绪不佳引起的。哮喘并不可怕，可怕的是误诊、过度治疗，以及家庭的氛围很差。

夫妻关系、婆媳关系、长辈之间的矛盾，都会影响孩子的健康

家庭氛围不好，会在很大程度上影响孩子的情绪；孩子的情绪不好，就会进一步影响他的身体健康。

前面我讲了很多让孩子生病的原因，跟家长的各种心态、婆媳关系、夫妻关系不好等有很大关系。还有老人之间的矛盾，也是让孩子情绪不好导致肝气不舒的一个重要因素。

夫妻的结合，实际上代表着两家人要互相协调，如果两家的老人不和，即使夫妻再恩爱，也会导致孩子压力大，从而肝气不舒。

比如，在育儿问题上，爷爷、奶奶和外公、外婆对孩子的感情是不一样的。大部分爷爷、奶奶都会特别在乎大孙子，这是受传统观念的影响。老一辈人总认为男孩子以后会把自己家族的姓氏延续下去，所以对大孙子就会格外宠爱。而大部分外公、外婆相对而言，对孩子的性别就没有那么关注。双方看待这个问题的角度是不同的（现代人的思想已经有所变化）。

另外，老人的教育背景不同，对这件事的看法也会不同。

这些问题都会无形之中影响孩子的情绪，造成孩子出现心理问题，进而引起身体问题。

还有这样的例子，孩子周一到周五是由外公、外婆照顾，在这个过程中孩子出现了一些小问题，等到周末轮到爷爷、奶奶带孩子时就会想："孩子怎么被带成这样了，外公、外婆没有把孩子带好啊！"

老人的这些负面情绪，孩子都能感受到，他会觉得爷爷、奶奶和自己在一起心里不舒服。

类似的矛盾在不同家庭，严重程度也是不同的，有的甚至到了水火不容的地步——老人争着照顾孩子，互相指责。孩子变成了老人争斗的工具，而这些矛盾孩子全能感受得到。

在这种情况下，孩子的心理变化会很复杂。

有的时候，孩子特别喜欢溺爱自己的老人，讨厌对自己严厉的老人。长此以往发展下去，孩子的性格也会发生变化。

所以说，长辈之间的矛盾和错误的育儿观念，会对孩子造成不良影响。

很多家庭都是什么样呢？孩子的父母忙事业，把孩子交给爷爷、奶奶和外公、外婆照顾。四位老人的心态是完全不一样的，最后导致孩子被教育得一团糟。这是孩子父母的失职，没有把自己放到应该在的位置上。

也有的家长给孩子请了保姆，家人和保姆之间的关系如果不和谐，同样会让孩子倍感压力。

如果您真诚地对待保姆，好好跟她沟通，保姆对您家孩子就会很好；但如果您和保姆之间有矛盾，保姆就很容易把这种矛盾产生的负面影响转移到孩子身上，那您的孩子就会感到有压力。

我见过这样的家庭，一个房地产老板给孩子请了好几个保姆，结果保姆之间发生了矛盾，这些矛盾产生的负面影响全汇集到了孩子身上。为什么呢？

因为孩子很敏感，保姆开心还是不开心，他是能感受到的。最后这些矛盾产生的负能量全被孩子吸收了。而这个孩子因为长期承受压力，最后患上了哮喘。

现在有哮喘的孩子不计其数，很多家长不明白自己的孩子怎么就患上了哮喘。

孩子患哮喘的其中一个原因就是家庭氛围不好。比如，这个房地产老板的孩子，不仅照顾他的几个保姆关系不好，父母后来又因为在管理保姆的问题上产生了矛盾——两人经常拿这个问题来攻击对方，抱怨对方没有管理好保姆，导致家里面被搞得"鸡飞狗跳"。

因此，雇主与保姆之间也要处理好关系，这样您家里的氛围才能好，这是做家长必须明白的。如果这些问题不解决，孩子就会因为压力大而引发各种疾病。

西医是这样看待哮喘的

下面我给大家简单说说哮喘这个疾病。

孩子得哮喘是非常令家长头痛的,一旦患上是比较痛苦的,而且此病会反复发作。因此很多家长对其"谈虎色变",甚至闹出了很多误会。

在西医中,儿童哮喘区别于成人哮喘,是一种严重影响孩子身心健康的最常见的呼吸道疾病。

哮喘的症状分为三个时期。

● 早期先兆

首先哮喘会提醒您它要"发作"了,这种早期先兆一般为上呼吸道过敏的症状,如眼痒、鼻痒、打喷嚏、流清涕等。

由于婴幼儿对痒的表达困难,往往仅表现为揉眼、搓鼻等,进一步的表现为上腭痒、咽痒、干咳和呛咳,这些症状通常在哮喘发作前可持续数小时或数天。

▲ 患哮喘的孩子口唇会呈青紫色

● 发作期

然后就到了哮喘兴风作浪的时期——发作期。

孩子的喘息症状根据哮喘的严重程度而有较大的差异，可能会出现典型的高调喘鸣声、喘促、气急、咳嗽阵作，甚者不能平卧、烦躁不安、口唇青紫等症状。

● 缓解期

最后哮喘"筋疲力尽"，潜伏在体内，称为缓解期。

在缓解期，孩子可能没有任何症状和体征，对活动无影响，或仅表现为过敏性鼻炎和咽炎的症状，但少数孩子可能会有胸部不适的症状。

中医是这样看待哮喘的

在中医里，哮喘属于"伏饮"，简单来说，就是由于脏腑功能失调，肺脾肾三者统领运化津液的能力减弱，日久天长，形成痰饮。

但是这个痰饮与平时我们从嘴里吐出去的痰并不一样，这种病理产物会像炸弹一样，潜伏在身体各个部位。中医有个名词叫"夙根（谓本源）"，当"夙根"遇到刺激，例如气候变化、饮食不当、情志刺激或者大病过后身体虚弱，这颗定时炸弹的引线就被点燃了，"夙根"此时就会发作，外在表现就是哮喘。

比如，**发作期的寒性哮喘——冷哮。冷哮和其他几种证型一样，先决条件是体内有"夙根"。但不同的是，得冷哮的孩子一般有面色苍白、畏寒肢冷等阳虚症状，当感受寒邪或者阳虚症状加重时，体内的"夙根"则会附加一种寒性，变成寒痰。**

除了比较明显的症状以外，还有一个方法可以辨别，就是看孩子是否有痰——只要咳嗽必有痰。**冷哮痰液一般比较清稀，而且泡沫较多，但是一旦落地则会化为水状。**

还有一种痰，孩子吐出来之后就好似鸡蛋清，较明亮清澈。这两种痰都属寒痰。痰液本身是无特性的，但是附加了寒性，所以才有寒痰的症状。

孩子肺里有哮鸣音，不一定就是得了哮喘

关于哮喘的基本信息，很多人看了之后可能还是不清楚怎么鉴别。

其实，就算是身经百战的医生有时候也会误诊。因为儿童哮喘，需要听诊双肺，听到呼气相为主的哮鸣音，或者使用支气管舒张剂，即可疑病例需要进行支气管舒张试验，呈阳性者方可确诊。

但有不少医生拿听诊器一听，孩子肺里有哮鸣音，就觉得孩子是哮喘，实际上这并不靠谱。

举个简单的例子。大人偶尔也有个头疼脑热或咳嗽的情况，大部分人患病之后会咳嗽得厉害，时间一长就发现自己能听到喘气的时候有哮鸣音，但疾病好了之后这个声音就没再出现过了。

这其实在中医里属于咳喘的范畴，此时用听诊器听诊，当然也会听到哮鸣音，但中医并没有立刻归入哮喘，而是叫咳喘。

这里的哮鸣音主要是因为痰阻于呼吸道，导致呼吸不畅而产生的。咳喘在中医儿科教材中被称为"肺炎喘嗽"，具体的症状为发烧、咳嗽、痰壅、气急、鼻煽，重者可见张口抬肩、呼吸困难、面色苍白、口唇青紫。可见，对于这种情况在中医里是有单独的分类的。

哮喘和咳喘最主要的区别在于"夙根"。

中医所说的哮喘，一般是典型的哮喘，通常是有"夙根"的。有的孩子的哮喘是受风寒引起的，有的是吃鱼虾盐卤等引起的，有的是情绪不佳引起的。

如果患有咳喘的孩子随便被定为哮喘患者，然后进行激素治疗，一用就是若干年，最后成了激素的依赖者，那结果就不用多言了。毕竟，激素的不良反应我想大家都有所了解。

我在这儿不是说激素不好，不能用。如果遇到真正的哮喘，用一些对症的方剂是很好的。

而且，家长也不必害怕哮喘，只要恰当治疗，孩子一般都会恢复。这个病有自愈的倾向，在孩子六七岁的时候，是一个自愈时期，很多孩子在这个阶段都自愈了；另外就是十五六岁的时候，天癸来临，孩子开始发育了，大多数也会自愈。

孩子不爱吃药，可以吃杏仁猪肺粥来调理哮喘

除了给孩子服用药方，您还可以给孩子用食疗方——杏仁猪肺粥来调理。

▼ 如果孩子得了哮喘不爱吃药，可以给他喝粥调理

杏仁猪肺粥

杏仁猪肺粥

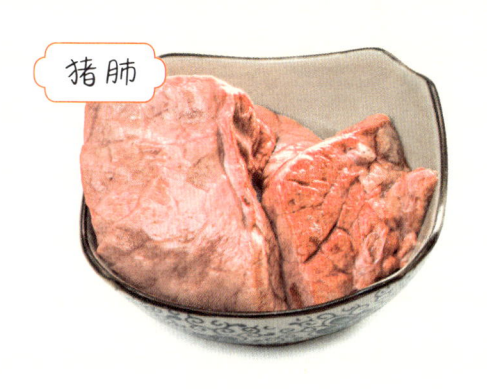

猪肺

粳米

杏仁

- **原料**：杏仁、猪肺、粳米各少许。
- **做法**：1. 将杏仁去皮尖，洗净。

    2. 将猪肺洗净，切块，放入锅内汆水后，再用清水洗净。

    3. 将洗净的粳米、杏仁、猪肺一起放入锅内，加清水适量。

    4. 用文火煮成粥，调味即可。
- **叮嘱**：您可以给孩子适量食用。

此粥可以宣肺降气，化痰止咳。不想吃药的孩子，家长可以煮这道粥给他喝，症状消失就不必再喝了。

哮喘并不可怕，可怕的是误诊、过度治疗，以及家庭的氛围很差

孩子得了哮喘，需要全家同心协力面对才能调理好。作为家长，不仅要为孩子提供健康的饮食，促使他适当地温和运动，如慢跑、游泳等——能够提高孩子的心肺功能、增强耐力、缓解哮喘症状，更要注意家庭氛围的维护。

经常开家庭会议，让全家人的育儿理念保持一致、家庭氛围处于和睦状态，对于孩子的健康成长是非常有必要的。

现在很多家庭都缺乏有效沟通，最终导致家庭成员之间步调不统一，矛盾不断。在这种环境下，孩子首当其冲。

因此，我给孩子调理前，基本都要先了解孩子的家庭情况。如果有条件的话，我会让孩子的家人都来。只有母亲带着孩子来，治疗的效果一定不会太好。为什么呢？

因为只有孩子的母亲知道需要调整家庭氛围是不够的，家里其他人不重视是无法改善家庭氛围的。

一般来说，当孩子的家人都来了，我会先给他们讲家庭成员之间统一意见的重要性，接下来我会帮他们分析，他们的家庭氛围出了什么问题,为什么会出现这种问题,让他们达成一致,做出调整,并且所有人都要为此做出努力。

因为,很多孩子的病根在家人那里。经常开家庭会议则可以帮助全家人意识到这个问题,并且及时调整状态。

您一定要知道,**孩子得了哮喘并不可怕,可怕的是误诊、过度治疗,以及家庭的氛围很差,这才是真正影响孩子健康的因素。**

10 孩子总打嗝儿，原来是家长造成的

很多孩子不停打嗝儿，是压力大所致。正常情况下，胃气是往下走的，一旦孩子压力大导致肝气不舒，会胃气上逆，从而出现打嗝儿、呕吐、泛酸水等症状。

"千万不要让孩子输在起跑线上"的心态，会导致孩子肝气不舒

除了前面提到的引起孩子肝气不舒的原因，家长对孩子的过度期盼也是孩子成长发育过程中的负担。

前几年，"千万不要让孩子输在起跑线上"这句话特别流行。但现在如果您说出这句话，会有很多人提出不同意见，因为这句话带来的负面影响太多了。一开始，很多家长觉得这句话特别符合自己的心态。但现在来看，这句话越来越显示出它在育儿过程中的弊端，为什么呢？

因为家长的这种心态会给孩子造成特别大的压力。

举个例子。曾经有个小男孩刚上小学四年级时，他的父亲来找我，说孩子打嗝打了四年了，问我他们家孩子是得了什么怪病。

孩子整整打了四年嗝，而且天天打嗝，孩子的父亲为了给孩子治病，在北京、上海找了很多中医、西医，可是一点儿效果都没有。这让他对中医、西医都失去了信心，孩子也就只能这么一直病着。

有一次正好赶上我回老家，他希望我能帮孩子看一下。

当时，这个孩子是什么状态呢？

孩子比同龄人矮了一头左右，很瘦弱，脸色发白、没有光泽。孩子看着是特别聪明的，眼神很灵动，接话也接得很准，就是总打嗝。

这是为什么呢？因为他的肝气不舒。

至于孩子是怎么肝气不舒的，我当时还不知道。但我知道肝木横逆克脾土，导致胃气上逆，这样人就会出现打嗝、呕吐、泛酸水等症状。

正常情况下，胃气是往下走的，因为胃气以降为顺，那胃气的运行为什么会出现异常呢？是因为肝火旺盛影响脾胃的气机了，所以顶着脾胃往上走。

我问家长："孩子平时是不是压力太大了？"

孩子的爸爸说自己希望孩子能够早点儿成材，所以可能给孩子的压力大了一点儿。

给孩子什么压力呢？孩子刚上小学四年级，就已经上七八个补习班了，只要不上学，就得无休止地穿梭在各个补习班之间，而且他们平时对孩子特别严厉，总怕耽误了孩子。这样下来，孩子的压力得不到任何疏解。

这种压力会导致孩子肝气不舒。于是，我给孩子开了一个补脾的方子，然后加了一点点疏肝的药物帮他调理。

孩子服用五服药后，打嗝的问题就解决了。我又开了几服药来帮助他善后。

孩子肝气不舒，多吃粳米粥、山药炒鸡蛋、益脾饼等补脾的食物

红薯

扁豆

胡萝卜

红枣

过去，我们治疗孩子压力大导致的肝气不舒，多考虑的是疏肝理气、清泻肝火等思路。其实在疏肝柔肝的同时，增加补脾的思路，则效果更好。

对于压力大导致打嗝等脾虚症状的孩子，家长一定要给他多吃一些补脾益气、开胃消食的食物，比如，粳米、籼米、薏米（薏苡仁）、南瓜、熟藕、山药、莲子肉、扁豆、红薯、红枣、胡萝卜、牛肉，等等。

我推荐大家用粳米熬粥给孩子喝，一是方便服用，二是粳米是补脾益胃之佳品。唐代医药学家孙思邈在《千金方·食治》中就强调说，粳米能养胃气、长肌肉，所以粳米确实是肝气不舒的孩子的不二之选。

当然，家长也不要太死板，光喝粥谁也受不了，在煮粥的时候加一些前面讲的食材也是不错的，对孩子生长发育都是有好处的。

除了多吃一些健脾补气的食物，家长也可以给孩子经常做山药炒鸡蛋吃。这道菜有健脾开胃的功效，对孩子也很有好处。

▼ 这道山药炒鸡蛋美味可口，可以帮孩子补养脾胃

山药炒鸡蛋

山药炒鸡蛋

山药

鸡蛋

原料：鲜山药、鸡蛋。

做法：1. 山药去皮洗净，切片；鸡蛋液打匀。

2. 将锅内油加热至七成热时，放入生姜丝，煸出香气。

3. 放入山药片，炒至软，将山药拨向一边。在另一边倒入鸡蛋液，待结成块，再与山药一并炒匀。放入盐和味精炒拌几下，即可食用。

功效：本品美味可口，健脾开胃，可增加食欲。

益脾饼

▲ 您还可以在家里给孩子做美味的益脾饼

益脾饼

白术　红枣　菜油　干姜　鸡内金　面粉

- **原料**：白术 30 克、干姜 6 克、红枣 250 克、鸡内金 15 克、面粉 500 克、菜油适量。

- **做法**：1. 将白术、干姜装入纱布袋，扎口，放入锅内，下红枣。

    2. 加水适量，用武火烧沸后，改用文火熬 1 小时左右。

    3. 除去纱布袋及枣核，把枣肉捣成枣泥待用。

    4. 将鸡内金轧成细粉，与面粉混合均匀。

    5. 倒入枣泥，加水适量，和成面团。

    6. 将面团分成若干小团，擀成薄饼，用文火烙熟即可。

- **功效**：健脾益气，开胃消食。

孩子的"五行"缺什么？缺的是玩

在给打嗝的孩子调整过程中，孩子的父亲特别感激我。我们一起吃饭时，我跟他说："这个病的治疗是很简单的。"

但他却说："这并不简单，以前我找了那么多中医给孩子治病，都没有见效，那时候我对中医都失望了。"

我说："不是这样的，原来没有效果，是因为大家过分关注降逆这件事了。其实降逆只是一个手段，真正要做的是疏肝补脾，先让孩子的正气变得旺盛起来，再稍微疏一下肝气，这样就能把嗝止住了。"

我们调理身体要找到问题根源，这个孩子打嗝的根源是压力大，我开方帮孩子调理症状很简单，但能不能把他的压力减下来，消除孩子的病因，就要看家长怎么做了。

过去算命的人总说一个人五行缺什么，我认为这个孩子最缺的是玩。

我对孩子的父亲说:"孩子放假时,你能不能带他到农村去玩一次,像这样的孩子,到农村疯玩两个月,身体绝对会有变化。"

他一脸惊喜地说:"真的吗?我老家那边儿大森林特别好,特别适合养生,孩子这次放假我就带他去。"

过了一段时间,我再见到这个孩子,明显感觉他的身体壮实多了,脸色也红润了,也有劲了,就连说话状态都改变了。

很多家长自己没有实现人生中的一些目标,就寄希望在孩子身上。这是不合理的,家长没有实现的事情,凭什么指望自己的孩子未来能实现呢?

就像有的家长,希望自己的孩子长大以后成为小提琴演奏家,天天让孩子练小提琴,结果孩子的颈椎都开始出问题了。

凭什么您就能决定这个孩子将来要以拉小提琴为生呢?您给孩子这么大压力,让他这么痛苦干什么?

学音乐的目的是为了欣赏美,您把自己的"小提琴梦"强加到孩子身上,是把孩子当成了实现自己梦想的工具。

因此,家长首先要有正确的人生观,其次要有正确的育儿理念,这样您的孩子才能健康长大。

其实到了一定年龄,活明白了您就会发现,身体健康才是第一位的。和家人在一起很幸福,和周围人相处和谐,您才会觉得快乐,您的工作也会顺利一些。至于您的事业做得有多成功,其实对您生活的影响并没有那么大。孩子考试是不是第一名,也不是最重要的。

实际上，富有的人跟普通老百姓过的生活并没有什么大的差别。说到幸福感，富有的人也未必就比普通人的幸福感更强。比如，银行一催还贷款，资金运转不开了，就得把楼卖了来还贷款，您觉得他快乐吗？

这种时候他还不如一个普通老百姓呢，普通老百姓尚且能够吃得好、睡得香，他却要为还贷款的事情日日发愁。

其实您把人生观摆正以后，就会知道，很多东西太虚幻了，没必要强加到孩子身上。家长在育儿过程中自己也要不断成长，不要让您的期盼变成孩子的负担。

11 孩子得了腺样体肥大，可以用中药漱口或者滴鼻子调理

中医认为，腺样体肥大是孩子受了外感之后引起的后遗症。腺样体肥大的孩子，呼吸道会堵塞，呼吸会粗，晚上睡觉会打呼噜。有的孩子会因为氧气吸入不够，影响大脑发育；还有一些孩子会用嘴呼吸，导致口腔变形，嘴唇突出——长相也会发生改变。

孩子得了腺样体肥大一定要手术吗？

前段时间，很多家长朋友都问我，孩子腺样体肥大怎么办？

其实，有的家长没意识到自己孩子得了腺样体肥大，有的是给孩子检查出来了，但不知道怎么治。

说实话，腺样体肥大，确实是现在很多孩子的问题，这个病不好治，西医认为得了此病就要手术。可是给那么小的孩子做手术，家长又心疼。

中医认为，腺样体肥大是孩子受了外感之后引起的后遗症。 也就是说，孩子体内有邪气没出来，所以才会得此病。腺样体肥大的孩子呼吸道会堵塞，呼吸会粗，晚上睡觉会打呼噜。有的孩子会因为氧气吸入不够，影响大脑发育；还有一些孩子会用嘴呼吸，导致口腔变形，嘴唇突出——长相也会发生改变。

那么，孩子腺样体肥大的内因和外因有哪些呢？

● 孩子患腺样体肥大的内因是什么呢？

腺样体肥大的孩子，脾胃一定是弱的，而且容易积食。 通常这样的孩子非常爱吃肉。所以，家长一定要注意，一旦孩子得了腺样体肥大，就别给他吃太多肉了。

很多孩子爱吃肉，家长就给他顿顿做红烧排骨吃，这样一来，孩子的脾胃非常容易出现积食。一旦出现积食，肉能生热，而且热在上，不能往下走。正常的胃气是往下走的，但是有积食堵在里面，火只能往上走，这就容易导致孩子的扁桃体、腺样体出现问题。

比如，很多孩子一感冒发烧，马上咽喉肿痛就出来了。这样的孩子，一定脾胃有热，原因就是吃得太好了。

家长要给孩子一边消除积食，一边强壮脾胃。平时尽量让他少吃点儿肉，但也不是说完全不让他吃肉。只要您别因为孩子喜欢吃大鸡腿，就一下给他吃两三个就行。

体内没有积热，气血通畅才能好。这是内因。

● 孩子患腺样体肥大的外因是什么呢？

孩子得腺样体肥大的外因是外邪入侵。孩子感受了外邪，就会感冒，我给大家讲过很多次，我会把它分成几个阶段，每一个阶段有不同的调理方法（参照《让孩子不发烧、不咳嗽、不积食》一书）。

最后一个阶段是什么？一般烧退了以后，咽喉不肿痛了，肌肉酸痛、关节疼痛都没有了，好像普通感冒的症状都消失的时候，大家往往会认为结束"战斗"了。其实未必。此时的状态和完全好还是有一点点不同，比如，孩子可能鼻子有点儿堵，或还有点儿鼻涕等，这就说明邪气往外退，又回到了鼻咽部。

这时候，我们要一鼓作气，把邪气清出去。很多家长不懂这个道理，他觉得孩子退烧了就好了。其实没有，孩子的鼻声还有点儿重，晚上睡觉还有点儿打呼噜，这都说明邪气没有清干净，还在鼻咽部、口咽部存留。我认为，这时候家长应该给孩子用点儿漱口或滴鼻子的药等，慢慢把邪气清掉，再给孩子补补脾胃，才算好。

这两个过程，一个都不能少。一个是清残余的邪气，一个是最后用点儿补脾胃的药，比如，怀山药、莲子等，或用点儿中成药补中益气丸也可以。

如果没有好好善后，邪气会一直留在口鼻之处。长期这么刺激局部，就会导致气血壅滞，不能散去，从而出现腺样体肥大、慢性咽炎、慢性鼻炎等慢性病。

什么是慢性病呢？

慢性病就是指这个邪气未必往里发展，身体还能把它控制在口鼻之处，但是也没有把它完全清除掉。所以，这个邪气就不断地刺激您。比如，得了慢性鼻炎的人，鼻子会堵，这时候会影响呼吸，从而导致大脑供氧不足、注意力不集中、思维能力下降、记忆力下降、经常困倦，等等。

这样的孩子学习是不会好的，而且上课会觉得特别累，学的内容也记不住——这都跟生理原因有关。

家长如何用中药漱口或者滴鼻子帮孩子调理腺样体肥大？

我给您推荐一个治疗腺样体肥大的方子，这个方子用来给孩子滴鼻子和漱口都可以。

▼ 年龄大一些的孩子，可以用中药漱口来调理腺样体肥大

漱口法

- 🌱 **配方**：辛夷3克、白芷3克、荆芥3克、金银花3克、连翘6克、桔梗3克、甘草3克。
- 🍲 **做法**：先将上述药材浸泡20分钟,然后大火开锅,开锅后转小火熬10分钟即可。
- 🥄 **用法**：漱口或者滴鼻子都可以。
- 🔔 **叮嘱**：1. 这是5岁以下孩子的量。5岁以上的孩子,量要增加1倍。

  2. 漱口后的药水要让孩子吐掉,不要吞下。

  3. 您可以请附近的中医根据孩子的情况进行加减。

白芷有散寒、祛湿、通窍的作用。辛夷专门通窍、散邪，尤其对鼻腔散邪的效果特别好。荆芥也有疏风、散邪的功效。这几味都是风药，能够通筋络和疏散邪气。

这个方子并不是死方子，只要是芳香通窍的药物，都可以适当加一些。金银花可以清热解毒。连翘也有解毒、散邪的作用。桔梗可以散结，让药性上行。

在煮这些药材的过程中，可以让孩子用蒸汽熏鼻子——往里吸这个蒸汽。水放温以后，可以用来漱口。有很多孩子不会漱口，家长可以慢慢教，太小的孩子最好还是用滴鼻子的方法。

如果您让孩子漱口，一天让他多漱几次是可以的。

如果您是给孩子滴鼻子，可以买一个氯霉素眼药水的塑料瓶，把药汁吸进去。然后，用这个往孩子的鼻子里滴，一次滴两滴，滴完一侧，堵上鼻孔，让孩子躺在床上，左右滚一滚（轻轻滚），这么一滚，药汁就会布满鼻腔。通过鼻黏膜、口腔黏膜来吸收药物，也能达到调理的效果。

如果孩子实在不会漱口，也不愿意滴鼻子，用熏蒸的方法也可以。您可以拿个毛巾，罩在孩子的头上——别让热气跑了，然后让孩子对着药水杯，一点点呼吸，把药气吸进去，这样也能起到不错的效果。

如果能够用滴鼻子、漱口和熏蒸的方法三管齐下，效果更好。

这几种方法的好处是什么呢？

因为这个药不用孩子往下喝，所以绝对不会伤害他的脾胃，只对局部产生作用。这个方法不伤身，有腺样体肥大的孩子可以长期使用，身体就会慢慢恢复了。

孩子得了腺样体肥大，用萝卜或萝卜叶煮水或煲汤喝

前面讲的是一个外治的方法，同时还要再配合清淡饮食给孩子调理。

可以给孩子吃点儿萝卜，或在平时切点儿萝卜片，用萝卜片煮

萝卜

萝卜叶

水或煲汤给孩子喝。萝卜能够顺气,可以帮助孩子把气往下顺。

很多人不吃萝卜叶,都直接丢掉了,您可以把它晒干了,拿它熬水,给孩子当饮料喝,能帮助孩子理气。

过去我们采了萝卜叶,冬天会放到房顶上,让霜雪打它,然后过了冬天拿下来,就成了萝卜缨。喉科大师耿鉴庭就经常用萝卜缨入药,可以起到理气、把痰结化开的功效。

所以,如果大家碰到萝卜叶,一定不要浪费了,尤其菜市场很多别人扔掉的,我们可以给点儿钱买回来,晒干以后,泡水、煮水喝。

以上这些,都是治疗腺样体肥大的思路。这个病,如果没有那么严重的话并不用手术,用中医解毒、散结、疏风的方法来治疗效果非常好,很多孩子逐渐就恢复了。

当然,您最好请附近的中医帮您辨证一下,我觉得一般情况下,熏蒸、漱口、滴鼻子,就能够帮孩子解决问题。如果您能让孩子配合喝药,可能效果会更好。

12 为什么抽动 - 秽语综合征的孩子越来越多

孩子得抽动 - 秽语综合征的原因有三种：一是吃重口味的食物多了，肝脾功能失调；二是情绪不好；三是孩子的左右脑发育不平衡。

家长可以帮孩子对症调理，但要知道，药物的力量是有限的，心理疏导才是关键。

孩子有抽动症，压力大是主要原因

我曾经见过一个孩子，才上一年级，长得特别漂亮，但一看这个舌头，伸出来就是尖尖的，这是典型的肝气不舒的舌象，说明孩子的压力很大。

于是我问孩子的家长："孩子的压力是不是很大呀？"我话音一落，孩子的妈妈就说："哎哟！罗老师，您太厉害了，我家孩子虽然才上小学一年级，但每天很早就要起床，孩子觉得压力太大了，经常跟我说不想去上学了。"

▲ 孩子肝气不舒的舌象

我当时有点儿困惑，现在孩子上学的压力都这么大吗？我问孩子的妈妈："您把孩子送到什么学校了啊？"

孩子的妈妈感叹道："罗老师，为了让孩子上这个学校，我们做家长的可没少费心……"

我一听就知道，这个学校不是实验小学就是重点小学，这样的学校培养出了很多学习成绩优异的孩子，但孩子们在这种环境下压力也会很大。面对大大小小的考试，一次又一次的全年级大排名，低年级孩子的压力真不比高中生的压力小。

现在很多家长都认为，一定不能让孩子输在起跑线上，从小就要让孩子历经考试的磨炼，一旦身经百战，将来无论面对什么考试都不会怕了。

但是，您要知道，孩子不是考试机器，考试考得好的孩子将来到社会上也未必就是精英，但这样的压力却可能让孩子的精神崩溃。

我见过很多小时候学习压力大的孩子，长大后一听到学习脑袋就大，一出校门就再也不想学习了。所以每年高考结束后，总有考生把书扔得遍地都是，甚至有的考生还会把书全烧了。这是为什么？"恨这个书，我再也不想学了。"

试想，如果孩子觉得学习让他如此痛苦，那以后还有那么多知识需要继续学习，怎么办呢？

要知道，生活、工作中要用的，可不只是在学校学的那些。这样的教学方式让孩子们对知识没有一点儿渴求，当然会造成孩子的压力。

我在跟孩子的妈妈讲这些的时候，孩子在旁边不断地眨眼睛，这是抽动-秽语综合征的一种表现，这种病大多是压力大导致的。

我认为，家长一定要调整心态，要知道孩子的身体健康、对知识的热爱、愉悦的心情，比他考第几名重要得多。

如果您非要逼着他去学自己不想学的东西，给他太大压力，我告诉您，这样做的后果可能非常严重。您的孩子可能会越来越讨厌学习，并且从小学到高中这么长时间他都要忍受这种痛苦，我想没有哪位家长把孩子生下来是为了让他受苦的吧？

可能有人会反对，认为孩子学习成绩好，将来就能找到更好的工作，生活就更有保障。但我认为，能力才是最重要的，学习的根本目的是掌握知识与技能，并不只是为了在某次考试中取得高分，何况现在高分低能的现象特别多。

因此，各位家长千万不要给孩子太大压力，孩子压力大就容易肝气不舒，肝气不舒又会导致脾胃受伤，这样就形成了恶性循环，让孩子的身体越来越差。

孩子经常眨眼，
不一定是得了抽动 - 秽语综合征

现如今，得抽动 - 秽语综合征的孩子越来越多，其常见症状就是频繁地眨眼睛。

当然，并不是说孩子经常眨眼，就一定得了抽动 - 秽语综合征。通常，孩子经常眨眼的原因有以下四种。

● 异物入眼不适导致的孩子眨眼

这种情况常见于风沙迷眼、倒睫毛，或孩子揉眼睛导致的异物入眼，引起孩子不适而继发性地眨眼睛。

● 喜欢模仿别人，习惯后导致的孩子眨眼

习惯性眨眼也是行为症之一。大部分孩子天性好奇，会习惯性地模仿他觉得有意思的动作，如果家人经常对他眨眼睛，孩子也会养成眨眼的习惯。一旦养成习惯，要改正就会有些难度。

● 用眼过度导致的孩子频繁眨眼

现在的孩子很小就开始玩手机、看电视，眼睛长时间接受外界刺激，就会导致用眼过度，从而频繁眨眼。

此外，强光刺激和眼部敏感的孩子，也容易导致眼睛疲劳而频繁眨眼。

● 孩子得了抽动-秽语综合征会频繁眨眼

通常，频繁眨眼的儿童 80% 可能是由抽动症导致的。这种抽动是一种不自主的抽动，如眨眼、撸鼻等，以头面部最为常见，常伴有轻重不等的行为问题，如强迫障碍、注意力缺陷多动障碍等。

这种情况可由精神压力、疲劳或烦躁引起，但通常没有神经系统的原因，一般会随着年龄增长而自行缓解，男孩的发生概率较女孩高约 3 倍。

当孩子出现频繁眨眼等症状时，家长要首先确定他眨眼的原因到底是什么。一旦排除了异物、用眼疲劳等原因，那您就应该向医生咨询孩子频繁眨眼睛到底是哪里出了问题。

抽动症在中医里可归于"瘛疭""慢惊风""抽搐""肝风""脾风"等范畴。

小儿抽动症主要是以肌肉抽动为特征，脾主肌肉，抽动为风，肝主风，这说明此病与肝脾的关系最为密切。

接下来，我主要从脾和肝给大家讲讲孩子得此病的原因。

孩子得抽动-秽语综合征的原因一：吃重口味的食物多了，肝脾功能会失调

中医认为，如果孩子的脾胃功能出现问题，无法吸收饮食中的营养物质来补足正气，身体的正气就会不足。

小朋友的脾胃为什么会出问题呢？这可能跟孩子的饮食习惯有关。

很多孩子都特别喜欢吃肉，家长做肉食时会添加很多调味料，所以做出来的肉味道特别重。

如果孩子经常吃这种重口味的东西，脾胃感受到某种味道的阈值就会提高，会无法适应那些味道清淡的食物。

经常吃肉的孩子，会特别不愿意吃蔬菜和五谷杂粮。为什么？因为孩子对味道的敏感度降低了，吃清淡的食物会觉得没味。这样一来，小朋友饮食不均衡，从食物中吸收的营养就会比较单一。

中医认为，五味是入五脏的，且对五脏有着不同的调节作用。如果五味过重，比如，在烹饪的过程中过多添加具有一定药性的胡椒、花椒、干姜、辣椒、八角、小茴香等调味料，遮盖了食材本身

▲ 给孩子多吃五谷杂粮，可以补充他的正气

的味道，就会影响五脏的正常功能。这样孩子的身体怎么可能健康呢？

因此，各位家长一定注意，不要给孩子吃太多味道特别重的食物，应该让孩子清淡饮食，减少肉食的摄入量，多吃五谷杂粮和蔬菜。

一个拥有健康、合理饮食观念的家长，才能保障自己孩子的健康。

孩子得抽动-秽语综合征的原因二：情绪不好

除了饮食，还有什么会引起脾胃功能障碍呢？肝气横逆克脾土——情绪不好也会影响脾胃的功能。

很多人都认为只有大人会有情绪问题，但现在很多孩子也有情绪问题，甚至还会因为情绪问题引起严重的脾胃功能障碍。

现在很多家长的教育观念中带有非常强的功利色彩，总认为自己的孩子一定要出人头地，不能输在起跑线上，要进最好的学校，考最高的分，将来找最好的工作，赚很多的钱……仿佛只有这样才能光宗耀祖。

因此，很多家长会给孩子施加特别大的压力，我见过有的家长，给孩子报七八个兴趣班，这边刚学完柔道，那边的钢琴课马上就要开始了，钢琴课上完后还要去上书法课、奥数课、舞蹈课……兴趣班一个接着一个，孩子的兴趣也一点一点被磨没了——因为孩子学这些不是源于自己的兴趣，而是被家长逼迫的。

我看过一个视频，视频中小朋友一边哭一边弹琴，嘴里还不停地说："我不想弹了，我不想弹了……"您说这个孩子钢琴弹得多痛苦啊！我觉得弹钢琴已经成为孩子的噩梦了。

很多家长还会要求孩子每次考试分数一定不能低于多少分、必须考到第几名……如果家长经常对孩子要求这么严格，时间久了，孩子就会感觉压力很大。

我在临床中发现，在家长期望过高、要求过于严苛的家庭里长大的孩子，压力大导致肝气不舒的症状会非常明显。

脾胃的运化与气机升降都离不开肝主疏泄，而肝木之调达又离不开脾胃之运化。肝和脾之间是相互影响的，肝气不舒的孩子，脾胃肯定受伤。

要想调理好孩子的抽动-秽语综合征，补养脾胃就要贯穿整个的治疗进程。

孩子得抽动-秽语综合征的原因三：孩子的左右脑发育不平衡

我的一个好朋友——飞龙中医，在深圳行医，他前段时间总结了特别好的治疗儿童抽动症经验。怎么回事呢？

有一个抽动症的孩子到他那儿去针灸治疗。他给孩子扎针灸的时候，取头顶的百会穴，他扎了就感觉不对，不是正常预期的效果。他就好奇，这是怎么回事？正常百会穴的取穴位置在头顶的正中间，取穴的方法——两个耳尖取中间是一种方式；从前后发际线取中间交会的地方是第二种方式。

结果我这个兄弟发现，这个孩子的百会穴跟其他人不一样，他的百会穴偏左了。

他发现这个孩子的右脑比左脑要大，整个头部的形态和别人是不一样的。这个抽动症的孩子右脑大到什么程度？大出了将近1/3来，所以他的右脑特别发达，左脑几乎没怎么长。

这个病例是几年前他遇见的，随着病例越来越多，他发现这些抽动症的孩子都有一个共同特点：**小时候在爬的阶段，家长急于求成，想让孩子早点儿站起来，导致孩子爬得不够充分。**所以，孩子的整个脊椎，包括两侧的神经发育得不够协调。孩子长大以后，左右脑的发育也不一样了。

另外，他认为左脑是负责情感体验的，与灵感等相关；右脑是负责逻辑思维的，与计算等相关。这样的孩子，家长往往通过大量的机械计算、逻辑思考能力的培训，比如奥数等，使孩子的右脑越来越发达。

他发现这种抽动症的孩子，通常右脑要比左脑发达——右脑比左脑大，甚至到一定程度的时候，明显肉眼能看出来右脑大。

他在给孩子调理、针灸的时候，就开始帮孩子改善左脑的供血——疏通经络，让左脑供血更充分一些。结果很多孩子用同样的方法调理之后，没多久抽动症就好了。

前段时间他治疗了一个病例，我看了视频，这个孩子抽动得非常厉害，到什么程度呢？就是浑身噌地抖一下，腿翘着就抖一下，这是非常严重的抽动症了。这种程度的抽动症用药的效果基本不好，到了他这儿，他就给这个孩子针灸了一次，孩子的家长评论说，好了大约80%，之前四五年的治疗都没有这次的效果好。

他第二次针灸的时候给我发了现场视频，孩子全程非常安静地趴在那儿扎针灸，不像平时那种隔十几秒钟一抽了。可以说，这个方法疗效非常好，基本上严重的抽动症，扎两三次针，就能非常明显地控制住。

我的这位兄弟宅心仁厚，和我说："兄弟，我悟出个理论来，实践感觉不错。孩子左右脑发育不平衡，是孩子抽动症的一个重要的致病因素。你有宣传能力，多和大家讲一讲。"

这也引起了我的重视。我之前知道他一直在讲儿童左右脑发育不平衡的事。我觉得一般的抽动症通过中药可以调整，但是碰到比较严重的，用了中药效果确实不好的，您可以给孩子试试针灸。

为什么孩子左右脑会发育不平衡呢？

第一，跟孩子小时候爬行不足有关。

第二，跟后天家庭环境也有关。

《黄帝内经》里有句话叫"左右者，阴阳之道路也"，意思是我们身体的左右要相互协调，如果孩子压力过大导致肝气郁结，气血不够通畅，进而肝胆失和，孩子容易得左右不协调的病症，如抽动症。

如果孩子身体的左右侧发育得不一样，通常中医会帮他调和肝胆，疏肝理气，调和阴阳。

▼ 平时多帮孩子按摩，这对他的生长发育很有好处

▲ 多带孩子打乒乓球、打羽毛球，可以练习身体的协调

此外，如果孩子情绪不好，也会导致左右侧身体发育不一致。在调理的时候，可以尽量改善发育缓慢一侧大脑的供血条件，这是一个重要的治疗方法。

察觉到孩子左右侧身体发育不一致的家长可以带着孩子寻求中医，用针灸、推拿、按摩等方法来改善他脊柱的整个状态，然后调整头部，尤其是左脑的供血条件，增强它的供血程度。

在生活中，家长也可以带孩子多做一些左右协调的运动，比如，打乒乓球、羽毛球等。有空了可以让孩子的身体左右来回旋转，改善脊柱的状态。

我的朋友特别提到，左右两侧发育不一致的孩子如果弹钢琴会加重病情。所以有抽动症的孩子，尽量不要再弹钢琴了。此外，我觉得相当多得抽动症的孩子是阳气不足的，游泳也会加重病情。

家长如何调理好孩子的抽动-秽语综合征一：吃饭少，肚子却很大、很鼓的孩子，可以吃异功散调理

有很多孩子得抽动症的家长和我说，自己的孩子明明没有吃多少饭，肚子却显得很大很鼓，圆溜溜的，而且还很容易肚子痛。但在孩子肚子痛时，揉一揉，或让他跑一跑就会缓解。这是什么原因呢？其实，这都是孩子的脾胃太虚弱，无法运化食物导致的。

您可以看看孩子的舌图，如果他的舌象如下图所示，您可以给孩子吃异功散调理。

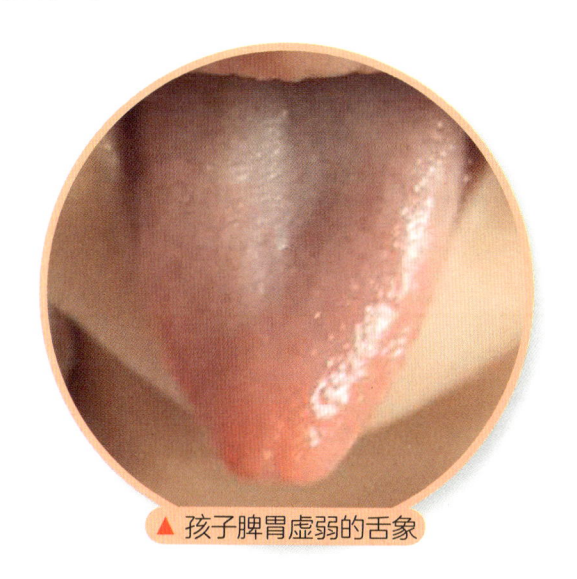

▲ 孩子脾胃虚弱的舌象

北宋《小儿药证直诀》云:"脾主困……虚则吐泻生风"。东汉《金匮要略》也说:"见肝之病,知肝传脾,当先实脾"。

脾为后天之本,运化气血濡养全身,脾土固则木安风止。也就是说,脾气一旦足了,孩子的症状自然会逐渐改善。

异功散这个方子可以帮助孩子健运脾胃、滋养后天。

此方出自钱乙之手,载于《小儿药证直诀》一书。异功散,即四君子汤加陈皮制成的散剂,专门治疗脾胃气虚兼气滞之症。如果孩子脾胃虚弱,家长可以给他吃异功散强壮脾胃。

▼ 孩子不爱吃饭,可以给他吃异功散调理

异功散

人参　茯苓　白术　大枣　生姜　炙甘草　陈皮

- 🌱 **配方**：人参6克、茯苓6克、白术6克、陈皮6克、炙甘草6克、生姜5片、大枣2个。
- 🍲 **用法**：1. 将上述药材加5杯水，大火开锅后，熬至2杯即可。
  2. 空腹时温服，可长期服用。
- 🔔 **叮嘱**：1. 此方剂量适合于5岁孩子。
  2. 家长最好带孩子找附近的中医辨证加减后用药。方子里的人参，尽量不自己给孩子服用，要请医生来判断是否可以使用。自己用此方时，需要用太子参代替人参。

家长如何调理好孩子的抽动-秽语综合征二：嘴里有口气的孩子，可以吃泻黄散来调理

现在饮食不节、营养过剩的患儿十分多见，加之小儿身体属纯阳，最易化热，常常导致脾胃积热。由脾胃积热导致得抽动症的孩子也很多。**如果您感觉孩子吃饭不是很正常，且嘴里有味，您可以给他吃泻黄散。**

这类孩子的舌象通常如下图所示，家长可以对照一下。

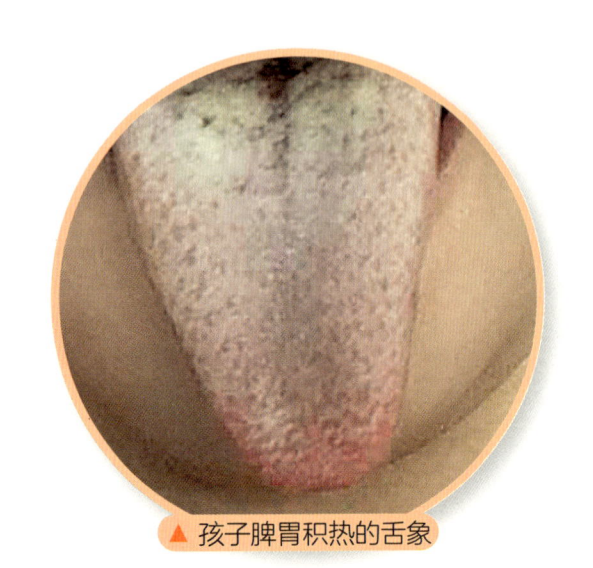

▲ 孩子脾胃积热的舌象

如果您确定孩子的症状和舌象图与上面我描述的相符，则可以给他使用此方来调理。

方中石膏、山栀子仁泻脾胃积热为君；防风疏散脾经伏火为臣；藿香叶芳香醒脾为佐；甘草泻火和中为使。配合成方，共奏泻脾胃伏火之功。

▼ 泻黄散可以帮孩子从根儿上祛除体内有热导致的口臭

泻黄散

泻黄散

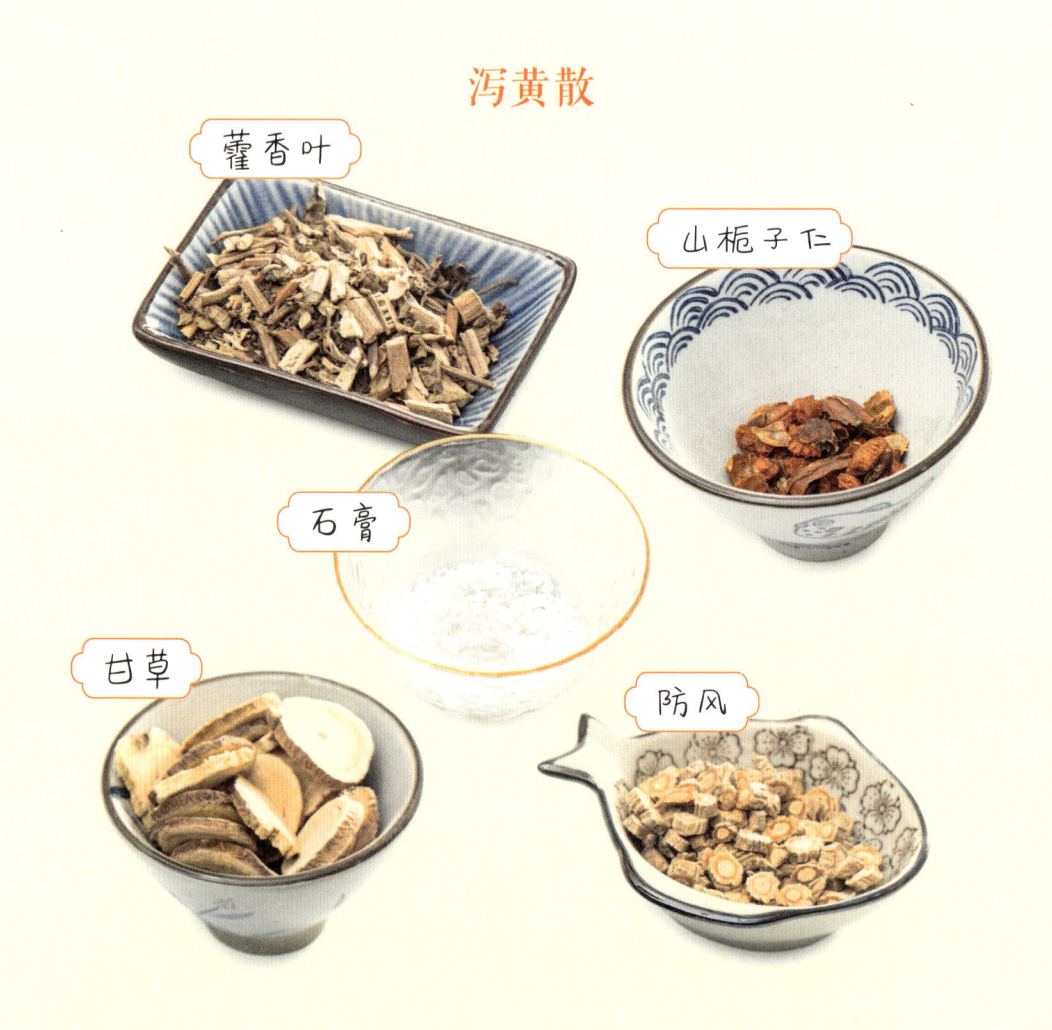

藿香叶

山栀子仁

石膏

甘草

防风

- 🌱 **配方**：藿香叶7克、山栀子仁2克、石膏5克、甘草30克、防风40克。
- 🍵 **用法**：1. 将上述药材加5杯水，大火开锅后，熬至2杯即可。
  2. 温服，不拘时。
- 🔔 **叮嘱**：1. 此方剂量适合于5岁孩子。
  2. 家长最好带孩子找附近的中医辨证加减后用药。

家长如何调理好孩子的抽动-秽语综合征三:行为表现异常,或心情暴躁的孩子,可以吃四逆散来调理

风和痰是引起抽动症的主要因素。如果孩子脾虚血亏,无法将体内多余的水分排出体外,湿气就会滞留在体内,最终形成痰湿或肝火灼伤津液导致筋脉失养,从而表现出抽搐、行为异常及心情暴躁等。

家长可以根据孩子的舌象,对照下图来辨证为其调理。

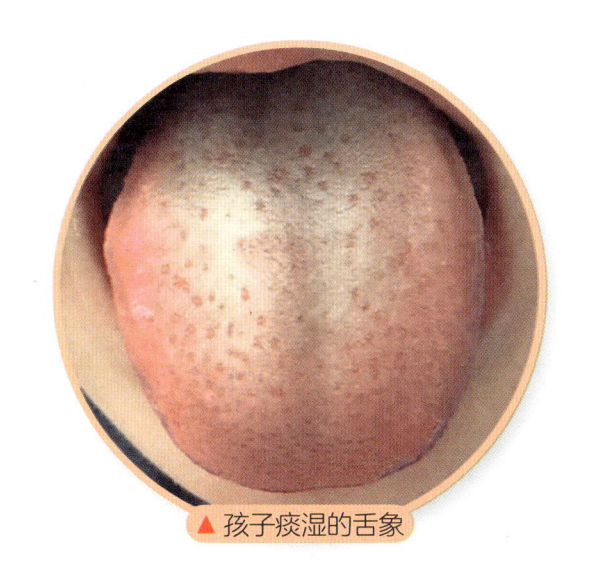

▲ 孩子痰湿的舌象

四逆散

▲ 体内有痰湿导致抽动症的孩子，可以喝四逆散来调理

四逆散

芍药

炙甘草

柴胡

枳实

- 配方：炙甘草6克、柴胡6克、枳实6克、芍药（生白芍）9克。
- 用法：1. 将上述药材加5杯水，大火开锅后，熬至2杯即可。
  2. 饭后隔一段时间服用。
- 叮嘱：1. 此方剂量适合于5岁孩子。
  2. 家长最好带孩子找附近的中医辨证加减后用药。

如果您确定孩子的症状和舌象与上面我描述的相符，则可以给他使用此方来调理。

四逆散，为疏肝解郁、调和脾胃的祖方，可以帮孩子舒缓情绪、增补正气。

方子的组成为柴胡、生白芍、枳实、炙甘草。柴胡疏肝理气，升清阳、透郁热；枳实行气散结；生白芍养血敛营；炙甘草甘缓和中。全方疏肝解郁，调和肝脾，肝脾同治，标本兼顾，小而效专。

针对小儿抽动症而言，肝郁脾虚的状态是一直存在的，不过重点就在于肝郁和脾虚具体哪个偏盛。同时您在给孩子调理时，还要兼顾湿热、痰火、血瘀等情况。

重中之重就是，补养脾胃需要贯穿整个治疗过程。小儿抽动症复发率很高，因此需要家长与医生的配合。

我常说，药物的力量是有限的，心理的疏导才是关键。如果您只是给孩子用药物调理，他的心里依旧压力重重，就算症状缓解了一时，复发的概率也是非常大的。

13 孩子大便干燥、脾气大要怎么调理？

如果孩子的舌头尖尖的，且舌质红、舌苔厚，就说明孩子压力大，肝气不舒，体内有郁结。这样的孩子，会出现大便干燥、脾气大的症状。

孩子大便干燥、脾气大的舌象有两个特点

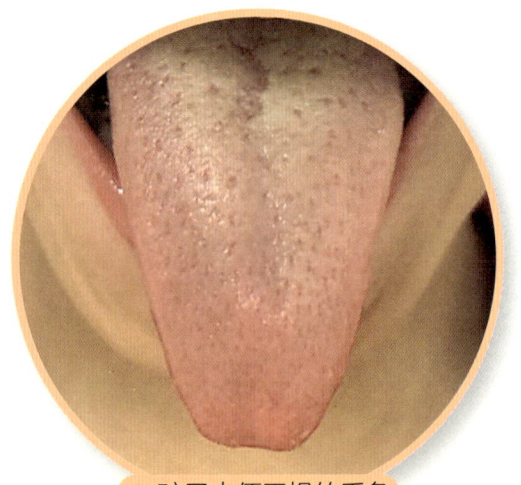

看舌象是观察孩子的身体是否出现问题的一个非常直观的方法。家长可以在平时经常观察孩子的舌象，如果您发现孩子的舌象如图所示，就要引起注意了。

▲ 孩子大便干燥的舌象

图中孩子的舌象有两个特点。

第一，舌头形状是尖尖的。

舌形尖说明孩子压力大，肝气不舒，体内有郁结。

第二，舌质红，舌苔厚。

舌质红说明孩子体内有热。孩子肝气不舒之后，会在体内郁而化火，使他的舌质变红。但是家长未必看得出来，因为他的舌苔厚，会把舌质完全遮住。舌苔厚又说明什么呢？说明孩子体内的痰湿重，这是由于气机郁结、气血不通畅导致的。

通常，这样的孩子还会出现大便干燥、脾气大的症状。

此时，家长可以给孩子服用补脾镇肝汤来调理。

孩子大便干燥、脾气大，可以用补脾镇肝汤来调理

▼ 如果孩子舌质红且便秘，可以给他喝补脾镇肝汤

补脾镇肝汤

补脾镇肝汤

怀山药　生地　沙参　薏苡仁

芡实　莲子肉　生牡蛎　麦冬

- **配方**：怀山药、莲子肉、薏苡仁、芡实、生地、沙参、麦冬各6克，生牡蛎（牡蛎的壳）15克。

- **用法**：1. 把生牡蛎放入水中，先熬20分钟，然后把剩余的食材放入锅里，用小火煎30分钟。大约剩下2杯左右的汤汁，把汤汁滤出，晾凉。

  2. 一天服用2次即可，早晚各1杯，连续服用1~2个星期。

- **叮嘱**：1. 此为3岁以上孩子用量。

  2. 一定是舌形尖、舌质红的孩子才可以使用此方。

  3. 家长最好带孩子找附近的中医辨证加减后用药。

14 您的孩子为什么会失眠？

大多数孩子失眠都是由于压力太大所致。作为家长，一定要先积极调整心态，不要给孩子太大的学习压力。如果您真的想让孩子学到更多东西，完全可以培养孩子自主学习的能力，而不是一味地要求孩子考高分。

被动式学习一定会让孩子压力过大导致肝气不舒

孩子上学后，被动式的教育会导致孩子压力过大，从而肝气不舒。其实，包括我自己在内，都深受被动式教育的影响。

现在我都已经五十多岁了，还经常梦到自己考试答不出来题，卷子上一片空白，大脑也一片空白的情形。

每次梦到这些，我心里别提多紧张、多害怕了。您看，这对我的影响都这么大，对孩子的影响就更大了。

到底被动式教育有什么问题呢？为此我专门做过这方面的研究。

当年我读硕士的时候，特意到图书馆去查阅外国赠送给中国的教育类原版图书，仔细研究以后我发现，教育体制的不同对人的影响非常大。

这次研究让我改变了很多，我觉得后来我之所以能成为"学霸"，读博士的时候"一帆风顺"，都跟这次思想上的转变有关。

为什么会如此呢？这涉及两种教育体系的问题。

我们现在的主流教学方式依然是教授式——老师教，学生学，也可以说是填鸭式教学（虽然很多学校逐渐开始教育转型，但改变教学模式也非一日能实现的）。

老师今天讲了十个知识点，孩子回到家就要把这十个知识点背下来。一般情况下，孩子最多能记住七八个。等到毕业时，老师讲的这十个知识点基本上就都忘干净了。

现在您拿一道几何题给家长看，很多家长基本都不会，一点儿印象都没有。您拿历史、地理题问家长，家长也多数回答不出来。为什么？

因为我们的学习模式是被动式的，老师教多少就学多少。除了老师教的内容以外，基本上什么都不会。并且老师教的也在慢慢忘掉，因为人的记忆力是在慢慢衰退的。

而且被动式学习有一个最大的问题：它会给人带来焦虑。为什么呢？

老师讲十个知识点，就会要求学生必须把这十个知识点都记住。可是孩子能记住吗？

不一定。如果孩子记不住，我们就会认为这是他自己的问题，所以很多孩子就必须加倍努力把知识点全部记住。这个时候他们就很容易产生焦虑情绪，会反复想：我记住了吗？好像忘了一个，这可怎么办呢……

学校考试也是为了查看学生记住了多少知识点。在这种情况下，那些记忆力特别好的孩子可能觉得没有什么压力；但对于记忆力稍微差一点儿的孩子来讲，即使下了很大功夫，还是记不住，就会觉得不快乐。

因此，每逢考试，孩子的压力就会倍增，甚至很多孩子都会出现考试期间腹泻、感冒、失眠等问题。因为孩子长期失眠来找我帮助调理的家长，数不胜数。

孩子们太焦虑、太紧张了，总担心自己哪个知识点没记住，到考试的时候会突然想不起来，或考试的排名落后。

您看，这种被动式学习，要比谁记得更好，还要排名，这会导致孩子在学习过程中的焦虑情绪与日俱增。

自主式学习对孩子的健康更有益

与被动式学习相反的一种学习方式是自主式学习，西方大多数国家的教育更鼓励自主式学习。

自主式学习是什么样的呢？我举个例子，您就明白了。

自主式学习是老师教一部分，其余的知识需要学生自己去查阅资料学习。就像盖楼一样，自己拿砖头搭建自己的知识殿堂——知识结构是由学生自己来构建的。

比如，在国外的幼儿园里，老师出一道题目——研究鲸鱼。

孩子们回家后就会通过上网、看书、到海洋馆里去观察鲸鱼等方式来获取关于鲸鱼的信息。下周上课时，所有人再一起分享、讨论鲸鱼都有哪些特点。

您会发现在这个过程中，孩子们特别积极、主动，有的孩子上网去搜集资料，有的孩子去图书馆里找书看，有的孩子会向家长询问……搜集到的信息非常全面，有鲸鱼的叫声、种类、大小、生活的海域，等等。

自己找到的答案，很多人一辈子都不会忘记。

有些孩子在海外读书，家长参观完孩子上课的场景后，都会感慨这些孩子对鲸鱼的了解太多了，远远超过了家长的想象。

国外的学习大多都是这样的，老师上课也会讲一些知识，但更多的是启发式教育，讲完会给学生留作业，让他们自己去探索、学习。

我妹妹罗玲之前在澳洲是一名教育工作者，她告诉我，澳洲小学老师的教案就是剧本，学生上课的时候要表演，课后作业就是让学生回家后自己查阅资料、学习。

小学生需要查阅的东西会少一些。到了大学，每周需要查阅的书籍放在一起得有一尺高，读研究生后每周需要查阅的书籍放在一起得有两尺高——**受教育程度越高，需要自己查阅和学习的内容也越多。**

这种学习模式会给孩子带来压力吗？

不会的，给孩子带来的是快乐。跟被动式学习正好相反，这种学习方式会让人感到特别快乐。因为孩子会觉得是我自己主动找知识学习的，有兴趣的内容我会多找一些资料，自然也会收获很多信息。这样，整个学习过程都是在培养孩子的兴趣，所以他会觉得学习挺有趣的。

当发现一个问题背后的奥秘时，孩子也会更有成就感，从而拥有更丰富的知识结构。这是一个快乐的、不断收获的过程。

自主式学习能培养孩子对学习的兴趣，而被动式学习却有可能让孩子对学习产生厌烦情绪。在不同学习模式里长大的孩子对待学习的态度也是不一样的。

被动式学习的孩子，一般最终目的是为了考试，一旦考完了，就有可能停止学习。

很多学校的学生在考完试后会把不用的书全部扔掉或烧掉，一旦脱离学校就不愿意学了，这说明他们对学习已经极其厌烦了。所以很多孩子上了大学没有家长看着，就只顾着谈恋爱、玩游戏、睡觉……考试只要能过就可以，甚至有的学生考试的时候，算一下自己的分数应该能及格，后面的题就全空着不写了。

还有很多孩子大学毕业上班以后，中学学的东西他可能用不上，大学他也没好好学习，又缺乏探索能力，基本上就是领导让干什么就干什么，其他什么都不会。

对此很多公司的领导也非常头疼，这种孩子明显与工作的实际情况脱节了。有不少人都是工作以后重新买书学习，再逐渐把知识补回来……

而自主式学习可以让我们对知识产生兴趣，这些知识是我们自己学习的，记忆更加深刻，知识结构更加稳固。

在幼儿园、小学，主要是玩和探索；到了中学开始发力；上大学之后，学习的内容更加深入了，学习能力也会变得越来越强；到了研究生阶段，基本上就会慢慢进入学术领域的前端。

我们经常看到国外有很多非常年轻的教授，这都要归功于他们超强的探索能力。一般他们在大学期间就已经有很多发明、研究成果了，年纪轻轻就成了某个领域的专家。这跟什么有关呢？

跟他们一直保持着对学术的探索能力和探索兴趣有关。在国外很多著名大学里，诺贝尔奖的获得者可以达到十几人，甚至几十人，并且好多人都很年轻。

我讲了这么多关于两种教育模式的区别，就是想要告诉各位家长，我们现在的教育体系给孩子带来的压力很大。

从幼儿园，到小学、中学，再到大学，因为学习压力、考试压力导致失眠，甚至长期失眠后患上抑郁症的孩子，数不胜数。

那么，影响孩子失眠的因素都有哪些？

有的朋友看到这儿会说："罗老师，我家孩子的失眠，不一定是压力大导致的吧？"

失眠的因素有很多种，下面我给大家具体分析一下。

不良入睡方式

幼儿入睡困难往往与家长不正确的抚养方法有关，如抱着孩子等其睡着后再放在床上、和孩子一起睡（陪睡）等。从中可以看出，幼儿的入睡困难与依恋存在明显关系。

睡眠恐怖

这个很多家长或多或少会有共鸣，4~12 岁的儿童对夜晚感到恐怖，而很多父母往往不知道。比如，有的儿童害怕"怪兽"之类的东西，认为自己睡着了就会被袭击，因而恐惧睡眠。

环境因素

睡眠环境中声音嘈杂、灯光太亮、室内过热过冷、湿度太大、床铺不舒适、房间太拥挤等，可能会让孩子感觉不舒适或没有安全感，从而影响孩子入睡。

心理因素

学习压力大、情绪不好等都会影响孩子入睡。

生理因素

过饥、过饱、身体不适，或食用兴奋性食品，比如，饮茶、喝咖啡、喝可口可乐、吃巧克力、服用中枢兴奋剂等，都会影响孩子入睡，造成睡眠障碍。

睡眠节律紊乱

孩子上学后，夜晚学习的时间太长，原有的睡眠 - 觉醒节律被打乱。

下面我给大家具体介绍几种关于孩子失眠的证型。

孩子情志不畅导致的失眠，可以服用龙胆泻肝丸（片）

首先是肝火扰心证，这个证型通常是孩子情绪不好导致的。

比如，白天孩子跟小伙伴玩的时候发生了一些口角，产生了一些小矛盾；或者是上学的时候大家都得到了小红花，而自己没得到；又或者是和家里人晚上一起看电视，看到了一些对孩童刺激比较大的画面，都会导致孩子睡不好或失眠。

这样的孩子通常会睡不好，多梦，甚至彻夜不眠，急躁易怒，伴随头晕头胀、目赤耳鸣、口干口苦、不思饮食、舌红苔黄的症状。

这时候孩子比较适合龙胆泻肝丸（片）这款药。此方为清热剂，具有清脏腑热、清泻肝胆实火、清利肝经湿热之功效。

孩子脾胃不好导致的失眠，用焦三仙和炒鸡内金熬水喝，辅以黄连温胆汤泡脚

其次是痰热扰心证，这个证型的孩子通常是积食导致的。

比如，哪天晚上的饭菜非常可口，孩子暴饮暴食，超过了脾胃的消化能力，导致脾胃受损，生成痰热。同时痰热也会上扰，导致胃气失和，孩子就会睡不安稳。

这样的孩子通常会心烦、胸闷，并且伴有口苦、头重、目眩、舌偏红、舌苔黄腻。

▼ 脾胃受损导致失眠的孩子，可以给他喝除积食水

除积食水

小儿除积食水

炒鸡内金

焦三仙

🌱 **配方**：焦三仙6克，炒鸡内金6克。

🍵 **用法**：给孩子熬水喝即可。

此时，您可以给孩子用焦三仙和炒鸡内金熬水喝，帮他有效祛除积食。

您还可以给孩子辅以黄连温胆汤泡脚来祛除痰热。

黄连温胆汤

黄连温胆汤

枳实　川连　半夏　竹茹　甘草　茯苓　橘红

- **配方**：川连 6 克、竹茹 12 克、枳实 6 克、半夏 6 克、橘红 6 克、甘草 3 克、茯苓 10 克。
- **用法**：将上述药材熬水，开锅熬 30 分钟即可。然后滤出药汁，将其分为两份，早晚兑入温水泡脚，每次 20 分钟，水温适中就行。

孩子得病或受惊后导致的失眠，可以服用六味地黄丸

最后，还有一种是心肾不交证导致孩子失眠的情况。

这种情况可能会出现在孩子得了一场大病，或者是受到惊吓之后。

具体症状为：心烦、入睡困难、心悸多梦，伴头晕耳鸣、腰膝酸软、盗汗、咽干少津、舌红少苔。

此时，您可以尝试给孩子使用六味地黄丸，效果会不错的。

但如孩子果服用此药一周后，情况仍没有改善，则需要请医生治疗。

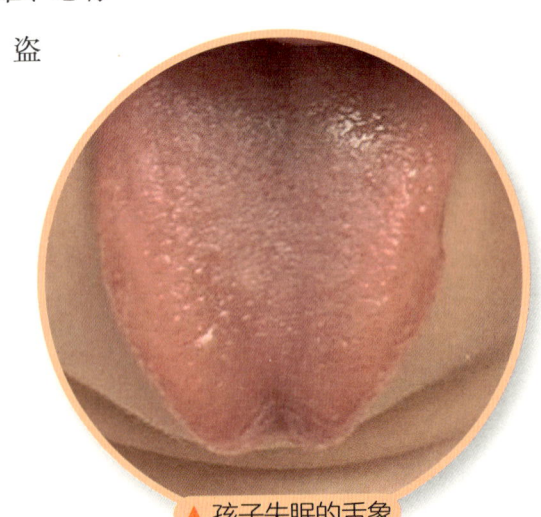

▲ 孩子失眠的舌象

学习压力大导致的失眠，吃补中益气丸，食疗用甘麦枣藕汤、百合莲子粥

有的家长说，我家孩子性格挺好的，平时吃饭挺规律，也没什么大病大灾，就是学习压力很大，动辄睡得比较晚，就算是休息天没有作业的情况下，也不容易睡个好觉，这可怎么办呢？

在《保婴撮要》中有这么一句话："一小儿十四岁，勤于功课，彻夜不寐，饮食无味，早间用补中益气汤，午后用异功散，饮食渐有味，夜稍得寐，仍用补中益气汤、八味汤而愈。"

如果您发现孩子单单就是因为功课的原因而无法好好睡觉，您可以先给他试试补中益气丸，各处药店都有售卖。

除此之外，家长们也没必要想着法地给孩子做好吃的，孩子的脾胃不一定消化得了，还不如做点儿食疗方来得健康。

我给您推荐两道在家就可以给孩子做的食疗方。

甘麦枣藕汤

▲ 甘麦枣藕汤可以解决孩子压力大导致的失眠问题

甘麦枣藕汤

莲藕

小麦

红枣

甘草

🌱 **配方**：莲藕 250 克、小麦 75 克、甘草 12 克、红枣 5 颗、盐 3 克。

🍲 **做法**：1. 将小麦洗净，泡水 1 小时。

2. 红枣泡软，去核。

3. 将小麦、甘草、红枣加水煮开，再加莲藕小火煮软，最后加盐调味。

此汤有益气养血、宁心安神的作用，特别适合气色不佳的失眠孩子。

百合莲子粥

▲ 失眠多梦、焦虑烦躁的孩子,可以喝百合莲子粥

百合莲子粥

莲子(带芯)

干百合

冰糖

粳米

🌱 **配方**：干百合 30 克、莲子（带芯）30 克、冰糖 30 克、粳米 100 克。

🍲 **做法**：1. 将莲子在水中泡发。

2. 把干百合、粳米、莲子一同放入锅中熬煮。

3. 快熟时加入冰糖。

此粥清热养阴、润肺安神，适合失眠多梦伴心火旺盛、焦虑烦躁的孩子食用。

作为家长，千万不能对孩子失眠的问题坐视不管。如果您真碰上了孩子不好好睡觉的情况，不妨试试上面几种方法！

此外，家长一定要积极调整自己的心态，不要给孩子太大的学习压力。

我认为，如果您真的是为了孩子好，想让孩子学到更多东西，完全可以培养孩子自主学习的能力，让他发现获取知识的乐趣，而不是一味地要求孩子考高分。

如果家长能够做出改变，我相信孩子会变得积极阳光起来，生病的概率也会少很多。

15 让孩子的嘴越来越"壮"

很多家长问：是不是有的食物特别好，有的食物没有那么好，我们应该选择特别好的食物吗？

每种属性的食物都要让孩子吃一吃

很多家长一直问我，孩子要不要忌口。忌口这个词好像只是中医有，外国不怎么谈忌口。那么，忌口真的有必要吗？

这个我先从家长常问我的几个问题谈起。

很多家长问："是不是有的食物特别好，有的食物没有那么好，我们应该选择特别好的食物吗？"

我的观点是，大自然提供给我们的食物，人类经过数千年的适应与筛取，基本上现在大家认定的食物都是可以吃的。

"这些食物有的是温性的，有些是凉性的，我们应该选哪种呢？"

其实，如果我们食谱广泛一些，这些食物的寒热温凉自己会中和的。比如，您早上吃了点儿凉的，中午吃的食物药性是温的，它俩会中和。

所以，在大数据下我们吃的食物是可以取得平衡的。如果大家每种属性的食物都吃一吃，身体是能够取得平衡的。这也是人类在大自然里不断进化、慢慢筛选食物后得到的结果。因此，我觉得一些比较普遍的食物都可以吃，没有说这个食物好，那个食物不好，或哪个食物坚决不能碰的。

引起过敏的食物，孩子要忌口

有的家长问："什么时候孩子需要忌口或调整饮食的品种和范围？"

● 孩子过敏与他的脾胃好不好息息相关

当孩子对某些食物产生反应的时候，比如，他吃这个东西会过敏，就需要适当忌口。

有的孩子对花生过敏，有的孩子一喝牛奶就腹泻，为什么会如此呢？

当孩子身体内部失调的时候，他的消化系统就会对某些食物不适应，导致摄入之后没有办法吸收和运化，就会出现过敏反应——实际上这是一种失调反应。

意思是正常情况下孩子的身体是可以运化它的，但现在他有点儿失调，吃了一些食物之后，身体系统无法识别，有的人的身体系统就会把这些食物当成"敌人"来攻击。

这种情况在孩子的身体上尤其多见。因为孩子的消化系统没有发育完全，还有一些不健全的地方。比如，消化系统黏膜有一些漏洞，他摄入的食物一旦身体不能接受，有时就会通过漏洞进入体内，身体以为是外敌来了，就会开始攻击它，这就是过敏反应。

因此，孩子过敏与他的脾胃是否强健息息相关。如果孩子经常出现过敏情况，就需要忌口了。但这不意味着永远不能吃，但凡孩子对某些食物过敏，您就先不让他吃这种食物，同时要帮他调理脾胃。有的孩子稍微调一调脾胃就好了——就不再对这种食物过敏了；有的孩子的症状确实很顽固，也有的孩子天生体质就如此，对某种食物就是不能接受，这都需要慢慢调整。

● 大部分人的过敏是体质失调后的结果，应该及时调理脾胃

我们要帮孩子及时调理脾胃，调整身体状态。

我不觉得过敏是体质的原因，而应该是体质失调的一个结果，比如，阴虚、阳虚、气虚、血虚等，这些体质的人，身体已经开始出现偏颇，比较容易引起过敏。

大部分人的过敏是失调过后的结果，一旦把体质调平和以后您对原来过敏的东西就不过敏了。

我曾经听过西医儿科的讲座，他们说如果孩子对牛奶过敏，就先不喝牛奶，调整他的身体，等到您把孩子的身体调整过来之后，您再让他喝就没事了。对于过敏，西医的观点和中医是一致的。所以，我觉得中西医最后很可能会走到一条路上去。

中医调整脾胃的手段比较多，家长可以帮孩子补脾、化积食，等等。阴虚的孩子可以滋阴，阳虚的孩子可以温阳，平时可以给孩

▲ 孩子阳虚，可以多给他吃一些韭菜、荔枝

子吃一些性温的食物，比如，韭菜、荔枝、龙眼等。一旦孩子的身体调整过来，基本就不会出现过敏的情况了。

如果孩子是顽固性的对此物过敏，您就尽量先不让他吃这种东西。总之，我的观点是，过敏应该是可以调整的，不是一成不变的。

有食品添加剂的食物，孩子要忌口

除此之外，我觉得有一些化工原料的东西尽量少给孩子吃。

现在很多食品里都有添加剂、色素等。我曾经看过英国的研究，说总喜欢喝有色素饮料的孩子多动症的发病率就高。

除了添加剂，现在好多糕点里都有反式脂肪酸，这个东西进入体内后很难代谢出去，需要五十多天才能完全代谢出去。您说经常给孩子吃这个东西，他能受得了吗？本来孩子的消化系统就比较薄弱，这些东西进入他体内之后根本消化不了，身体也容易把它当作敌人来攻击。很多孩子吃完这些有化工添加剂的东西，往往就会出现哮喘、过敏、咳嗽、发烧等症状。

► 含有添加剂和色素的饮料，孩子尽量少喝

抗生素太多的肉类，孩子一定要少吃

在平时，动物肉也要少给孩子吃。现在很多养殖厂在养殖动物的时候，会添加很多抗生素。

前一段时间我看了一个调查，江浙沪60%孩子的尿液里，都有动物用的抗生素的残留。这不是孩子去医院打的那个抗生素，而是给动物吃的抗生素，商家给动物吃抗生素是为了让它多长肉、不生病，之后直接把动物杀了，这些红烧肉、大鸡翅给孩子吃多了，孩子的体内就会有动物抗生素的残留了。

当然，不是说一点儿肉不给孩子吃，只是要适当控制一下，这也是一种忌口。

◀ 含抗生素较多的肉类，尽量少给孩子吃

喝中药的时候，要让孩子忌口

在喝中药的时候，孩子确实应该少吃鱼、肉、辛辣的食物。

这也是中医出现忌口的原因，吃了这些东西可能对中药的吸收有影响。比如，孩子吃了很多油腻的东西，这些水溶性的中药喝下去之后未必能够完全被他的消化系统吸收。

中医往往主张喝中药的时候吃得清淡一点儿，这也是一种忌口。

▼ 孩子喝中药的时候，可以吃南瓜粳米粥

孩子忌口后还是积食，给他喝养脾滋阴汤

● 帮孩子消积食时一定要注意，要一边消积食一边补脾胃

我经常碰到家长问我："罗博士，我的孩子积食啊，现在我们家都将近一年不给他吃肉了，这孩子现在一看到肉就馋得嗷嗷叫。正常的饭菜也不怎么给他吃了，就给他喝粥，为什么他还是积食呢？"

这就不对了，给孩子忌口忌得太厉害了，家长们千万别这样。孩子正在长身体，营养要均衡，各位不要走极端，怕孩子积食、怕抗生素多，您就一点儿肉都不给孩子吃，这是不对的。每个超市都有高品质的肉，比如，溜达鸡、山猪肉等，您可以适当给孩子买点儿无公害的肉吃。

很多家长太极端了，觉得自己的孩子积食，就一点儿肉不给他吃。**其实，孩子刚积食的时候没什么事，只要您帮他把积食消掉，脾胃功能没受到什么影响，不用去过度调整它。**

如果孩子总积食，您给孩子吃某种东西吃多了，时间长了孩子积食的同时脾胃就会受伤。比如，原来脾胃有100分的运化能力，积食以后就变成80分了，这样一来它原来承担的100分的工作现在就承担不了了。如果您继续给孩子多吃，孩子的脾胃功能只剩20分了，这就是为什么有的家长天天只给孩子喝粥，孩子的舌苔还是很厚，或吃完还是觉得肚子胀等。这是因为孩子已经脾胃虚弱了，他的脾胃被一点点伤掉了，最后脆弱到您稍微给他加一点儿食物，他都无法接受了。

这时候应该怎么办呢？

应该一边帮孩子化积食，同时补脾胃，慢慢帮孩子把20分的运化能力再补回到100分来。孩子的脾胃强壮了，您再给他喝粥、吃肉，他就未必会积食了。

因此，家长在帮孩子消积食时一定要注意，要一边消积食一边补脾胃。

● 养脾滋阴汤

对于脾胃受伤的孩子来说，最重要的是攻补兼施，就是一边补一边消，这样才能让脾胃一点点恢复。

否则，您知道给孩子消积食，就只给他吃焦三仙，但不给他补脾、不增强脾胃功能，时间长了脾胃就知道，我只要一积食焦三仙就会帮助我去运化，那它们不需要工作了——脾胃会越来越弱。

所以，消积食和补脾要同步配合进行。此时，家长可以给孩子喝养脾滋阴汤。

养脾滋阴汤

▲ 这道汤喝起来甜甜的,脾胃受伤的孩子可以喝一些

养脾滋阴汤

莲子肉
芡实
冰糖
薏苡仁
麦冬
怀山药

🌱 **配方**：怀山药、芡实、莲子肉、薏苡仁各 9 克，麦冬 6 克，冰糖 1 块。

🍲 **做法**：把这些药放入锅里，倒 4 杯水，用大火煎煮，开锅后用小火煎半小时，大约剩下 2 杯左右的药汁，把药汁滤出，放入 1 块冰糖，晾凉。

🔔 **叮嘱**：1. 这道汤喝起来甜甜的，孩子很喜欢，每天服用 1 次即可，最多连续服用 1~2 周。如果是感冒后用来滋补脾阴的话，喝 5 次就够了。

2. 大人脾阴不足，口干舌燥、舌头红、眼睛干、手心热，用这道食疗方也可以。

3. 此方用量以 6 岁孩子为例。

在这种情况下，您就不要给孩子整天喝粥了。一定要营养均衡，给他吃点儿鸡蛋，少量添点儿肉是可以的。

我见过很多家长听了中医讲座之后，一看到孩子积食了，就只给孩子喝粥。然后发现怎么我天天给孩子喝粥他还积食，于是就给孩子少吃点儿饭，一天吃两顿……

我们所说的控制饮食指的是别让孩子过分积食，否则会重伤脾胃。脾胃已经弱了，您还让孩子吃大鱼大肉给它加负担是不行的，您可以给孩子吃稍微清淡一点儿的食物把脾胃功能补上来，补上来以后再给他添点儿鱼、添点儿肉是可以的。

大家一定要知道这里面的平衡，这也是需要掌握的忌口知识之一。

家长要有一个全局观，**要知道如果我们什么食物都给孩子吃一些，他的身体会自己达到一个平衡，这些食物都能转化为有利于身体吸收的营养。**

家长要放远眼光，不要被孩子牵着走。孩子有的时候喜欢吃什么，就一直让他吃；他不想吃的，就一点儿也不让他吃。这会导致他吃的食谱越来越窄，我们应该放宽食谱。我经常碰到有的孩子说什么东西他就是不吃，我觉得这都是小的时候没有养成好的习惯。

对于家长来说，要多做各种各样的食物给孩子吃，这样孩子的胃口就会越来越广，就是我们现在说的"嘴越来越壮"。这样一来，孩子才能拥有一个健康的脾胃与身体。

孩子夏天喜欢吃冷饮，到底要不要给他吃？

还有一个对于家长来说，非常有争议的话题——是否要给孩子吃冷饮。

很多人觉得给孩子吃冷饮没事，孩子的阳气旺。也有很多中医认为，尽量别吃凉东西，吃凉东西对孩子的脾胃不好，容易伤到他的阳气。

确实很多家长十分困惑，孩子特别喜欢吃冰激凌、喝冷饮，比如，到了夏天天气很热，别的孩子都吃得津津有味，我不让我的孩子吃，感觉有点儿残忍。

到底该不该给孩子吃冷饮呢？难道夏天还要给孩子喝热水吗？

我不是很赞成给孩子在夏天吃冷饮，我觉得常温的可以，稍微温点儿的更好，保持这个度就行。

如果您让孩子一点儿常温的水都不喝，非喝热水也不现实。有时候全家出去旅游，在外面只有常温的矿泉水，那给孩子喝也可以。

大家要教育孩子，有条件尽量吃常温，或者是温的东西（我觉得温的东西是最好的）。为什么呢？

中医对这个问题是这样解释的。古代有一个人年纪很大了，但他的身体还是特别好，别人就问他："为什么您的身体这么健康？"

"我养生的秘诀就是从来不用我的脏腑去温暖冷的食物。"

这是一个很重要的理念。我们在夏天吃冷的、凉的食物会觉得很舒服，就像到了夏天您就想吹点儿凉风、空调一样，这些东西能够帮您迅速降温。

在夏天，人本能地希望凉快一点儿，因为夏天热。但是如果冷的东西直接通过嘴和咽喉进入胃里，就直接能降低内脏的温度。正常情况下我们内脏的温度要保持一致，基本处于恒温的状态。如果您把它的温度降低，它就要努力恢复。这个恢复的过程对于身体弱的人来说是有障碍的，比如，您的身体本来就有点儿气血不足，您在恢复的过程中就有可能恢复得没有那么好，这样会降低您脏腑的功能。

中医管这个过程叫伤到阳气了，您的脏腑功能就不会像原来那么旺盛了。

人体是一个整体，您的脏腑功能衰减后，整个身体机能会受到影响。

其实在古代，无论是中国人还是外国人在夏天几乎都没有冰的东西吃，夏天顶多吃一些常温的食物。除了皇家级别特别高的人物，他有能力找到地下储存的冰，所以皇家的人能够吃到冰。

我在看文献时曾看到过，宋朝的皇帝吃冰块，把一些食物拌上冰来吃，吃完之后哗哗闹肚子，然后御医不断给他治疗。这是古代记载的医案，说明什么呢？说明夏天吃冰的东西，脾胃的功能下降了，细菌在里面繁殖，就容易腹泻。

脾胃功能正常的时候，胃酸能够杀灭一些外来的微生物。但是冰把脾胃的功能降低了，外来微生物就容易繁殖，所以容易腹泻，中医管这种情况叫伤到脾阳了。

大家看古代也有这种情景，实际上我们能大规模吃到这些冰的东西是在现代社会，有了冰箱可以制冷了才出现了这些问题。

现代人腹部受寒的机会很多，因为西方的生活方式的影响和各种媒介的推动，大家现在觉得喝点儿冰饮料，喝得透心凉很正常。尤其是现在的年轻人，对凉的、冰镇的饮料趋之若鹜，基本上能吃凉的就不吃热的。

这跟家庭教育是有关的，小时候养成的习惯，长大了之后就会遵守。很多人小时候早上起来家长就给吃冰西瓜，或者喝冷饮，平时给孩子使劲买冰激凌，所以孩子长大了会觉得吃冷的东西是正常的。结果怎么样呢？孩子真的会受伤的。

很多人觉得外国人这样吃也没什么问题，但经过2020年的新冠疫情，我们能看出来中国人是真的有文化底蕴。在全世界，中国人控制疫情是控制得最好的。为什么？

第一是政府组织有力，我们的隔离措施好。第二是我们隔离之后，一旦有人确诊，治疗起来的效果好，因为我们有中医药。外国人即使隔离了，对这个病也没有什么办法，就只是维持体征而已，患者血脂高就给他降血脂，血糖高就给他降血糖等，我看了他们用的药基本是控制血压、控制心脑血管疾病的药，这些药对治疗新冠肺炎的疗效不大。

而中医有太多办法了，放眼全球范围看，我们是很得天独厚的，就是因为我们有老祖宗留下的智慧。很多人还没有完全认识到这种智慧的价值，觉得中医有的内容不科学，但这次新冠肺炎给大家提了一个醒：**老祖宗的智慧是有用的，西方人做的未必都是合适的。**

因此，我们现在应该多去分析老祖宗留下的方法里合理的地方。实际上，就我的观察（我也经常接触外国人），其实外国人喝凉的东西也未必对，亚洲也有喝凉的国家，如日本，日本人的生活比较西化，但是您知道日本过敏的人有多少吗？

日本人的阳气不足，大部分日本人一到了春天就全都戴口罩，因为大家对花粉过敏。我记得2008年北京奥运会的时候日本人专门先到北京来考察，来干吗呢？

他们的奥运会选手里大部分人都有过敏性疾病，比如，哮喘等。他们怕空气质量不好影响他们的运动员，于是先来考察一下。运动员本应都是身体好的人，但他们超过半数的人却有过敏性疾病，究其原因就是他们的生活习惯问题，吃的寒凉东西过多，比如，吃海鲜、喝牛奶、喝冷水等，所以他们的阳气未必足。

而韩国人虽然也喝凉的（我在读书时周围有很多韩国同学），但他们吃东西时辣椒酱放得非常非常多，大米饭一定要拌成红色了才吃，烤东西也要蘸着各种辣椒酱吃，所以韩国人相较日本人来说，还能稍微中和一下，尤其韩国人喝的汤也很多。当然，喝凉的还是热的，这个也不尽然，我觉得这跟每个地方的"地气"不同也有关。

什么是"地气"呢？比如，您到了美国生活，您的舌头会慢慢变红，身体也会变得慢慢燥热起来。这很奇妙，我认为这跟饮食有关，您吃牛肉吃多了，体内的热量就会增加。这也跟地壳的薄厚有关系，导致美国确实比中国热一些。所以，影响因素非常多。

像我们的国家也一样，但凡湿气重的地方，那儿的人几乎都比较能吃辣，但只有广东人不怎么吃辣，虽然他们的湿气也很重，但他们吃辣的就上火。因为广东是地热资源排第二的省份，那个地方的地壳很薄，下边就是火山，会一直往外喷热气，那边的温泉也特别多。所以，稍微能吃辣的人，就会觉得燥热。

因此，我们平时吃的食物也取决于周围的环境。可能有的人在美国喝点儿凉的饮料，没什么大事。但我们在自己的土地上生活，最好还是尽量按照祖先教导的模式生活，因为祖先早就体会过了会有什么影响。

如果您脾虚或肾气不足、有点儿血亏等——当您内部条件状态不足的时候，这时候如果再去喝冷饮就特别容易伤到阳气，这个道理大家一定要知道。

而现在喝冷饮问题最大的障碍在于家长没有认识到它对身体的伤害会有多大，很多时候就随着孩子去了。

大部分人在天热的时候吃冷的东西都会觉得舒服，但您一定要清楚，舒服的事未必是好事，舒服的事稍微过分一点儿就会给身体造成伤害。

因为家长对这些问题的认识不够深刻，所以会觉得孩子要吃点儿冰激凌没事，一看孩子吃完那么舒服，明天接着买。孩子只会觉得冰激凌太好吃了，吃完太舒服了。但很多孩子吃着吃着就开始阳气不足了，闹肚子了，小脸开始变白了……这都是潜移默化的影响，很多人在这种时候意识不到，最后当孩子得了过敏性鼻炎或一些疾病的时候，您根本联想不到这跟之前吃了冷的饮食或喝了冷饮有关。

我觉得家长一定要引导孩子，尽量出门的时候杯子里带着温水，慢慢让他接受这个习惯，这样的水喝了对他的身体有好处。

至于吃冰激凌，我也不是绝对反对孩子吃。偶尔您也可以给孩子吃一次，但需要注意的是，一定要在孩子身体好的时候，或在中午的时候、天晴的时候，您别大早上起来或晚上睡前给孩子吃冰激凌，或者孩子这两天身体本来就不好，您还给孩子喝冷饮，这就不太好了。

家长一定要把这个理念想通，而且引导孩子接受一种生活方式，肯定是从孩子越小的时候开始引导越好，否则等到孩子上了初中，您再想改变他的想法，是很难的。最好在孩子小的时候，给他树立这个观念，让孩子学会自律，一个自律的人将来受伤的机会一定少，成事的机会一定多。

家长如果能够慢慢培养孩子自律的品德，让孩子了解正确的生活理念，是给孩子的一个礼物。

随着整个社会经济生活的高速运转，人们的压力开始增加，这些变化，会很明显地反映在孩子的身上。所以，现在给孩子调理身体，除了注意外感，调理脾胃之外，更要重视孩子的情绪。因为我经过长期的观察发现，孩子的不良情绪，也是导致他们生病的重要因素，这个因素没有得到过重视，导致很多儿童的疾病调理起来疗效不佳，这是非常遗憾的。所以，我把我所遇到的儿童肝气不舒的原因和解决方法，给大家整理出来，希望家长朋友能有所警觉，有所思考，有所改变。

儿童是我们的未来，是每个家庭最重要的一员，希望我们能用爱心来守护孩子们，让孩子们身心健康，童年的生活充满阳光！